Anna Szablyár • Ágnes Einhorn • Diana Gelegonya •
• Enikő Rabl • Wolfgang Schmitt

Deutsch mit Grips 1

Lehrwerk für Jugendliche
KURSBUCH

Ernst Klett International–Klett Kiadó
Stuttgart–Budapest

Beratung: Gerhard Neuner, Universität Gesamthochschule Kassel
Erprobung: Astrid Bergmann, Mária Kazár, Éva Szalay, Mariann Vas
Höraufnahmen: Schüler und Lehrer der Deutschen Schule und der Österreichischen Schule Budapest

Das Konzept des Lehrwerkes ist mit der freundlichen Unterstützung von CEF (Catching up with European Higher Education Found) entstanden.

Das Lehrwerk folgt der reformierten Rechtschreibung. Ausnahmen bilden Texte, bei denen künstlerische, philologische oder lizenzrechtliche Gründe einer Änderung entgegenstehen.

Piktogramme:

 Texte auf der Kassette/CD

 Grammatik

1. Auflage A1 ² ³ ⁴ ⁵ | 2006 2005 2004 2003 2002

Alle Drucke dieser Auflage können im Unterricht nebeneinander benutzt werden, sie sind untereinander unverändert. Die letzte Zahl bezeichnet das Jahr des Druckes.

© Ernst Klett International GmbH, Stuttgart 2001
© für Ungarn: Klett Kiadó, Budapest 2001
Alle Rechte vorbehalten

Projektleitung und Redaktion: Jürgen Keicher, Enikő Rabl
Gestaltung und Satz: Gábor Puiz
Zeichnungen: Zoltán Simon
Fotos: György Török, Tibor Tóth

Druck: Regia Rex Nyomda, Székesfehérvár
Printed in Hungary

Internetadressen: www.edition-deutsch.de, www.klett-international.de, www.klett.hu
E-Mail: ki@klett-mail.de, klett@klett.hu

ISBN 3-12-**675580**-1
für Ungarn: ISBN 963 9194 51 4

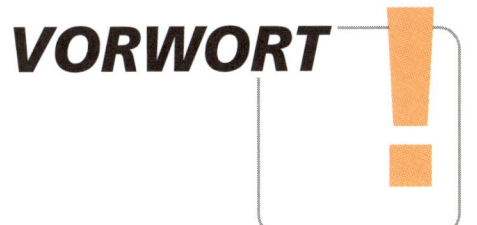

Für dich ist *Deutsch mit Grips* das richtige Lehrwerk:

- Du kannst schon das Wichtigste in einfachen deutschen Texten verstehen und kurz darauf reagieren.

- Du würdest gern wiederholen und erweitern, was du früher gelernt hast.

- Du liest gern über Jugendliche und du bist neugierig, was sie über sich schreiben und erzählen.

- Du möchtest Deutsch noch besser verstehen und bald fließend Deutsch sprechen.

- Du würdest gern mehr über die deutschsprachigen Länder, die Menschen, ihr Leben und ihre Kultur erfahren.

- Du möchtest die deutsche Sprache in der Freizeit oder bei der Arbeit verwenden.

Viel Spaß wünschen dir
Autoren und Verlag

1 — Ein Tag mit dir — S. 9

- A | So vergehen die Tage
- B | Deutsch lesen
- C | Wie bist du eigentlich?

Lesen
Gedicht:
H. A. Halbey: *Urlaubsfahrt*;
Schülerzeitungen: *A new face, Schule international*;
Zeitungsartikel: *Mein Tag*

Hören
Gedicht:
H. A. Halbey: *Urlaubsfahrt*;
Geräusche: Ein Tag

Sprechen
Bilder, Tagesablauf beschreiben, vergleichen; über Ereignisse in der Schule, über sich selbst sprechen

Schreiben
nach Muster ein Protokoll, ein Gedicht, einen Steckbrief schreiben

Grammatik
Vergangenes ausdrücken: *Perfekt*

2 — Einfach tierisch — S. 17

- A | Igel-Hotel
- B | Haustiere pro und contra
- C | Tiere auf dem Bauernhof
- D | Bankmanager im Zoo gelandet

Lesen
Zeitungsbericht: *Die Igelmutter von Dortmund*;
Lexikoneintrag, Igelfibel;
Jugendmagazin: kurze Artikel über Tiere

Hören
Dialoge: Haustiere pro und contra; Interview mit dem Zoodirektor

Sprechen
Interviews machen; Argumente formulieren und Rollenspiel gestalten; über Tiere erzählen; eine Farm beschreiben

Schreiben
eine Fibel schreiben;
eine Farm beschreiben;
einen Urlaubsprospekt gestalten

Grammatik
Gründe, Ursachen angeben, Erklärungen geben: *weil, denn*

3 — In oder out — S. 25

- A | Kleider machen Leute
- B | Uniform der Jugend?
- C | Was ist modisch?

Lesen
Jugendmagazin: *Kleider machen Leute*;
Schülerzeitung: *Hose der Goldsucher …*;
Kalender: *Was ist eigentlich deine Lieblingsfarbe?*

Hören
Interviews im Trendshop

Sprechen
Vermutungen äußern; über eine Checkliste diskutieren; Meinungen zu Mode ausdrücken

Schreiben
einen Nonsensedialog erfinden; die Hitliste der Kleidungsstücke erstellen

Grammatik
Eigenschaften ausdrücken: *Adjektivdeklination*

4 Zeit für Hobbys
S. 33

A | Wie sieht dein Sonntag aus?
B | Einmal Ballboy für …
C | Weitere Hobbys

Lesen
Lied:
W. Biermann: *Kleinstadtsonntag*;
Zeitungsartikel: *Einmal Ballboy für Boris*;
Schülerzeitungen: Schüler berichten über ihre Hobbys;
Klassenporträt;
Leserbrief: *Keine Zeit für Hobbys*

Schreiben
ein Diagramm zu einem Text, einen Paralleltext erstellen

Hören
Lied:
W. Biermann: *Kleinstadtsonntag*;
Annabell erzählt über ihr Hobby

Sprechen
Titel erklären; eine Umfrage machen; Inhalt nacherzählen; über Hobbys berichten

Grammatik
Fragen einleiten: *indirekte Frage*;
Wortbildung: *Ableitung und Zusammensetzung*;
Wünsche, Absichten äußern, Irreales ausdrücken: *Konjunktiv II (sein, haben, Modalverben); würde + Infinitiv*

5 Spielst du gern? Dann mach doch mit!
S. 43

A | Was spielst du gern?
B | Computerspiele
C | Stell dir vor! Mit der Sprache spielen

Lesen
Meinungen über Spiele;
Schülermagazin: *Computer-Fantastereien*;
Erzählung:
B. Peter: *Ufo*;
Gedichte und Rätsel;
Zeitungsartikel: *Monopoly im Internet*

Schreiben
eine Spielstatistik erstellen

Hören
Geräusche von Spielen;
Meinungen über Computerspiele;
Interview mit einem „Computeridioten";
Erzählung:
B. Peter: *Ufo*;
Gedicht:
L. Rathenow: *Entwicklung*

Sprechen
Schüler nach Spielgewohnheiten fragen, darüber berichten; Meinung zum Thema Computerspiele bilden

Grammatik
etwas näher bestimmen: *Relativsatz*

6 — Wie Schule sein soll · S. 53

- A | Wie Schule ist
- B | Der Schulschwänzertag
- C | Schulordnung

Lesen
Gedicht:
I. Wendt: *Wie Schule sein soll*;
Schülerzeitungen:
Der Schulschwänzertag, Schulordnung für Lehrer, Schülerlexikon, Schüler stellen eine Ordnung für ihre Schule auf

Schreiben
eine Schulordnung für Lehrer erstellen

Hören
Gedicht: I. Wendt:
Wie Schule sein soll;
Meinungen zum Schulschwänzertag

Sprechen
Meinungen über die Schule bilden;
Wörter erklären;
Vermutungen äußern;
Meinung über den Schulschwänzertag äußern;
über Feste in der Schule berichten

Grammatik
Vergangenes ausdrücken:
Präteritum;
Unpersönliches ausdrücken:
Vorschriften, Verbote

---

7 — Bücher sind wie große Ferien · S. 61

- A | Bücher
- B | Bücherei
- C | Die Glotze

Lesen
Sachtext: *Bücher*;
Prospekt: *Die Internationale Jugendbibliothek*;
Projektbericht: *Fernsehfreie Tage in Waldau*;
Kurze Berichte: *Wilder Westen aus dem Osten, Zeitung mit bewegten Bildern*

Schreiben
eine Karteikarte anfertigen

Hören
Meinungen über die Glotze;
Erfahrungen mit den fernsehfreien Tagen

Sprechen
über Lesen, Bücher, Bibliothek sprechen;
ein Buch vorstellen;
Vor- und Nachteile formulieren

Grammatik
sich-Verben;
Wortbildung:
Zusammensetzung

---

8 — Halb Ware, halb Müll · S. 71

- A | Öko-Experiment
- B | Was werfen wir weg?
- C | Verpackung ist auch eine Kunst

Lesen
Projektbeschreibungen:
Öko-Experiment, Müllprojekt;
Zeitungsberichte:
Der Berliner Reichstag als Kunstwerk auf Zeit, Das ökologische Jugendgästehaus „4 you"

Schreiben
Argumente notieren;
eine Liste zusammenstellen;
zu einem Bild Wörter sammeln und einen Text erstellen

Hören
Meinungen über das Verpacken

Sprechen
Meinung über Projektideen äußern;
Argumente sammeln, Diskussionsspiel über Schnellrestaurants gestalten;
eine Rede halten

Grammatik
Unpersönliches ausdrücken:
Passiv (rezeptiv)

9 — Wie läuft es eigentlich bei euch?
S. 79

- A | Eltern – Kinder – Konflikte
- B | Wie seid ihr eigentlich?
- C | Verzettelte Familie

Lesen
Gedicht:
H. Manz: *Auch andere Väter und Mütter sind Menschen*;
Erzählung:
M. L. Kaschnitz: *Lange Schatten*;
Gedichte von Jugendlichen;
Geschichte:
Ch. Nöstlinger: *Bei den Hottentotten*;
Zeitungsartikel:
Idole: Papa statt Popstar, Vorbilder

Schreiben
ein Gedicht schreiben

Hören
Gedicht:
H. Manz: *Auch andere Väter und Mütter sind Menschen*;
Lena erzählt über ihre Mutter;
Diskussion zwischen Mutter und Sohn;
Ch. Nöstlinger: *Bei den Hottentotten*;
Meinungen über die Jugend

Sprechen
eine Geschichte beenden;
Diskussionen spielen;
über eine Person sprechen;
eine Familienszene spielen

Grammatik
Irreales ausdrücken:
Konjunktiv II im Konditionalsatz;
Wünsche äußern:
Konjunktiv II im Wunschsatz;
Höflich auffordern mit *Konjunktiv II*

10 — Warst du schon mal in Fantasia?
S. 89

- A | Warst du schon da …?
- B | Traumberufe
- C | Hier hab' ich meine Ruhe

Lesen
Lied:
G. Schöne: *Fantasia*;
Jugendmagazin:
Hier hab' ich meine Ruhe;
B. Brecht: *Märchen*;
Zeitungsartikel:
Zukunftwerkstatt für Jugendliche;
Prospekt:
Kopfreisen

Schreiben
ein Diagramm zum Lied erstellen;
den Lieblingsplatz beschreiben;

Hören
Lied:
G. Schöne: *Fantasia*;
Jugendliche erzählen über ihren Traumberuf;
B. Brecht: *Märchen*

Sprechen
Ausdrücke erklären;
über Traumberufe erzählen

Grammatik
Eigenschaften differenzierter ausdrücken und vergleichen:
gesteigerte Adjektive;
Vergleichssatz

11 — S. 97

Jugendliche unterwegs
- A | Was würdest du mitnehmen?
- B | „Die 9-Seen-Velotour"
- C | Jugendherbergen

Lesen
Programm: *Die 9-Seen-Velotour*; Prospekt; Artikel: *Sauber und nett; Teddys reisen um die Welt, Gartenzwerge auf Weltreise, Frei auf zwei Rädern!*; Test: *Bist du ein „sanfter Tourist"?*

Hören
Interviews mit Radfahrern; Szene in der Jugendherberge

Sprechen
über Traumferien erzählen; über das Programm diskutieren; über Erfahrungen in der Jugendherberge berichten

Grammatik
Lokalbestimmungen: *Präpositionen*; Gebrauch der Ländernamen und der geografischen Namen

Schreiben
ein Foto-Tagebuch mit Texten gestalten; Notizen machen

12 — S. 107

Wenn das Taschengeld nicht reicht
- A | Ferienjobs
- B | Arbeitsvermittlung

Lesen
Berichte über Ferienjobs; Anzeigen; Zeitungsartikel: *Nikolaus-Lehrgang, Jobs – Darauf solltest du achten*

Hören
Jugendliche berichten über Arbeitserfahrungen; Jugendliche bei der Jobsuche; Gespräch in der Arbeitsvermittlung

Grammatik
Texte verstehen und erstellen: *zusammengesetzte Sätze; Subjunktoren und Konjunktoren*

Schreiben
ein Diagramm zum Text ausfüllen; Anzeigen entwerfen

Sprechen
über eigene Erfahrungen berichten

13 — S. 115

Wie war dieses Jahr?
- A | Ereignisse in diesem Jahr
- B | Ereignisse in meiner Familie
- C | Ereignisse in meiner Schule Deutsch lernen

Lesen
Jugendzeitung: *Die Fotos des Jahres*; Kuriositäten: *„1000 gute Gründe, den Kopf zu schütteln"*; Tagebucheintrag: S. Schneider: *Luises Tagebuch*

Sprechen
über Ereignisse des Jahres, über Bilder diskutieren; über Ereignisse in der Familie, in der Schule berichten

Schreiben
Texte zu Fotos schreiben; kurze Texte über Kuriositäten schreiben; über Familienereignisse informieren; Brief/Tagebucheintrag schreiben

Quellenverzeichnis S. 125

LEKTION 1

Ein Tag mit dir

A | So vergehen die Tage

1. Der Alltag

„Lest" das Tagebilderbuch und beschreibt den Tag. Ergänzt die fehlenden Details mit Hilfe der Sprachmittel auf S. 12.

2. Ein Ferientag

„Lest" nun das Tagebilderbuch eines Ferientages.

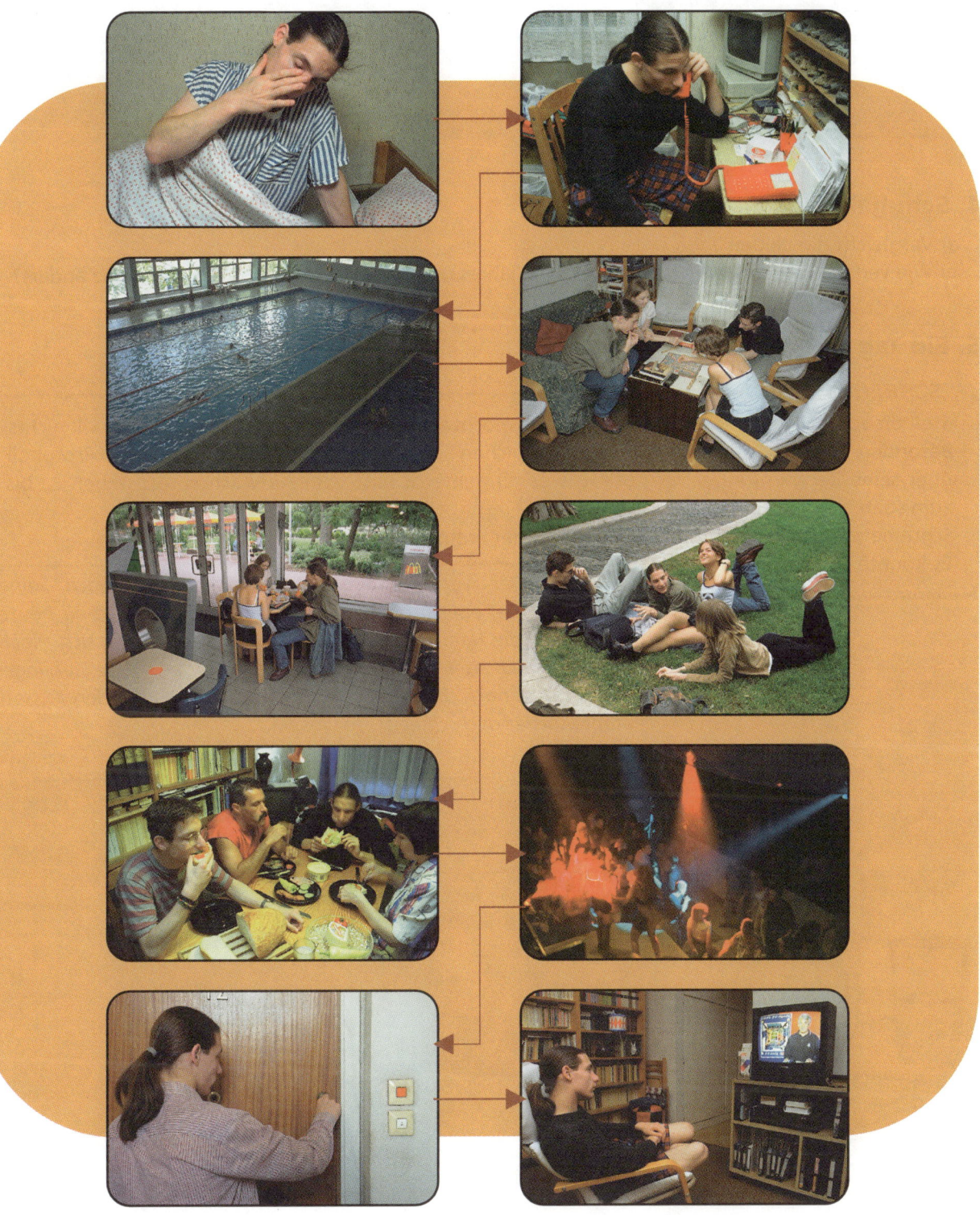

3. Sprachmittel zur Beschreibung

Wahrscheinlich _____ / Vielleicht _____ / Ich nehme an _____ / _____ .
Am Morgen / Am Nachmittag _____ / Um _____ Uhr _____ .
Das ist vermutlich ein / eine _____ , wo _____ .
Als er _____ , _____ .
Nachdem er _____ , _____ .
Aus _____ / Nach _____ ging er zu / auf / in _____ .
Später _____ .
Um _____ zu _____ , wollte er _____ .

4. Schuljahr und Ferien

a) Vergleicht die beiden Tage.
b) Wie verlaufen eure Tage während des Schuljahres und in den Ferien? Ähnlich oder ganz anders?

5. Ein Tag mit dir

SCHREIB'S AUF!

Stell dir vor, dass dich jemand kennen lernen möchte. Er verbringt einen Tag mit dir. Er will nichts Besonderes erleben, nur dich in deinen alltäglichen Situationen. Dieser Fremde führt ein Protokoll über seine Beobachtungen; er notiert, was du gemacht hast vom Aufwachen, Aufstehen … bis zum späten Abend.
Schreibe selbst dieses Protokoll, so wie dich der Fremde gesehen hat.
Es könnte so beginnen:

6.15 Uhr. Der Wecker klingelt. Doch er wird nicht wach. Seine Mutter öffnet energisch die Tür und ruft: „Du wolltest dir heute früh noch die Haare waschen." Langsam kommt er zu sich. Noch im Halbschlaf stellt er den Kassettenrekorder an. Seine Lieblingskassette ist noch drin, von gestern Abend. Er nimmt den Kassettenrekorder und schleppt sich ins Bad …

6. Wettbewerb

Was hat dein Partner gestern gemacht? Stelle Fragen, du hast eine Minute Zeit. Wer zum Schluss die meisten Informationen in der korrekten sprachlichen Form hat, gewinnt.

7. Gedichte

Lest das Gedicht *Urlaubsfahrt* unbedingt auch laut vor. Ist das ein richtiges Gedicht?

Urlaubsfahrt

frühgeweckt gefrühstückt raus
winke winke schlüssel haus
autobahnen autoschlange
kinderplappern mama bange
koffer koffer kindertragen
flaschen taschen puppenwagen
papa mama koffer kinder
autokarte notlichtblinker
schlange kriechen sonne heiß
stinken staub benzin und schweiß
stockung hunger mama brote
papa skatspiel radio tote
schlafen schimpfen
hupen schwitzen
weiterfahren weitersitzen
müde mitternacht hotel pension
tausenddreißig schlafen schon

Hans Adolph Halbey

Nach diesem Muster hat eine Schülerin ein anderes Gedicht geschrieben. Es beginnt so:

Ein Tag wie jeder andere

aufstehn waschen kämmen raus
Vater ist schon vor dem Haus
mathehefte nicht vergessen
frühstück auch noch nicht gegessen
um halb acht zum bus gelaufen
unterwegs patronen kaufen
…

8. Was passiert?

Ihr hört „einen Tag". Wann und wo spielen die Szenen? Sammelt in Gruppen, was ihr verstanden habt.

B | Deutsch lesen

> **LESETIPP**
>
> In den folgenden Texten verstehst du vielleicht nicht alles, aber du findest sicher die wichtigsten Informationen. Unterstreiche, was du verstanden hast.

9. Über Texte berichten

Die ersten zwei Texte erschienen in deutschen Schülerzeitungen, der dritte in einer Wochenzeitung. Wählt einen Artikel und berichtet dann den anderen, was in eurem Text steht.

A NEW FACE

Sie ist blond, ziemlich groß, sportlich und immer zum Lachen aufgelegt: Unsere neue Fremdsprachenassistentin Sarah, die von Doncaster in Great Britain* an die RHS* verschlagen wurde.

Ich fragte sie, ob es ihr in Deutschland bzw. Leipzig gefiele. Sie fände es einzigartig, meinte sie lachend. Sie wünscht sich besonders, viele verschiedene Menschen von hier kennen zu lernen. Im Moment ist sie noch dabei, sich einzuleben. Später möchte sie vielleicht auch hier studieren. Sarah isst mit Leidenschaft auf der Straße Würstchen vom Imbissstand – in England tut man so etwas nicht in der Öffentlichkeit –; sie mag Fruchtquark – in England gibt es nur Joghurt – und sie ist fasziniert vom hellen Bier – in England kennt man wahrscheinlich nur dunkles.

Ein Kommentar zur RHS?

An dieser Schule hätte sie lieber gelernt als in England. Die Sprachausbildung sei wesentlich besser.

Außerdem sei die Beziehung zwischen Lehrer und Schüler unkomplizierter und weniger steif ... (Frage: Haben englische Schüler mehr Respekt vor ihren Lehrern als wir?) – Im Großen und Ganzen gefällt es Sarah also bei uns – hoffen wir, dass es so bleibt, und wünschen wir ihr alles Gute.

FR (Der Wurm)

*Großbritannien
*Rudolf-Hildebrand-Schule

SCHULE INTERNATIONAL – FINNLAND

Anna kommt nach Hause und ist froh: Sie hat eine 6 geschrieben in einer ziemlich schweren Mathearbeit. Spätestens jetzt werdet ihr euch wundern. Wie kann sie sich über eine 6 freuen? Des Rätsels Lösung ist ganz einfach. In Finnland verläuft das Notensystem nämlich umgekehrt als bei uns. Wer in zwei bis drei Fächern auf 1 oder 2 steht, darf sich um seine Versetzung ernsthafte Sorgen machen. Soweit, so gut. Das ist aber auch so ziemlich das Einzige, was das finnische vom deutschen Schulsystem extrem differenziert.

Die Schüler essen in der Schule und werden dort auch bei den Hausarbeiten betreut.

Anna ist 15 Jahre und lebt in einer kleinen südfinnischen Stadt (Jarvenpää) und geht auf ein Mädchengymnasium. Der Stundenplan ist dem unseren sehr ähnlich. Bloß gibt's statt Französisch Schwedisch, und Handarbeit ist Pflichtfach.

Wie sich vielleicht schon herumgesprochen hat, sind die Finninnen äußerst tierlieb. So auch Anna. Sie hat nicht weniger als 10 Katzen, 2 Hasen und ein Aquarium. Reiten geht sie auch gerne und zwar mit dem Pferd des Nachbarn. Falls sie sich nicht gerade um die Tiere kümmert, spielt Anna auch noch Geige oder ist bei ihrer Pfadfindergruppe anzutreffen, die im langen Winter oftmals Skilager durchführt.

Im Sommer zieht es Anna und ihre Familie eher in den Süden.

Ciao, das nächste Mal sehen wir uns in Ägypten wieder.

Eure Auslandskorrespondentin
Sandra Sinsch

Ihr könnt über ähnliche Themen berichten (neue Klassenkameraden, Lehrer ...) und dazu als Muster die beiden Texte verwenden.

Mein Tag

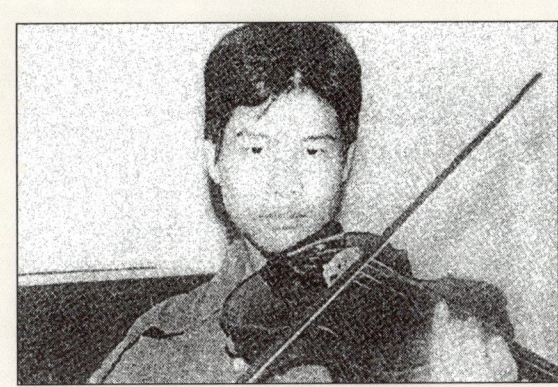

Mokkapan Phongphit 13 Jahre, thailändischer Schüler am Auersperg-Gymnasium in Passau-Freudenhain

Um halb sieben weckt uns der Präfekt. Das Seminar St. Valentin liegt am Domplatz in Passau, und dort wohnen Schüler aus den verschiedensten Ländern. Ich bin das einzige thailändische Kind, das alleine in Deutschland lebt. Ich bin wegen der Geige hier.

Da es in Thailand keinen Violinunterricht gibt, besuche ich jetzt das Musische Gymnasium in Passau, das ist eine sehr schöne alte Schule.

Vor drei Jahren bin ich hergekommen, und es hat mir gar nichts ausgemacht, dass ich kein Wort Deutsch verstand. Ich fand alles unheimlich spannend. Ich bin immer neugierig und will Abenteuer erleben und schaue im Atlas herum.

Morgens habe ich natürlich keine Zeit, denn um zehn vor sieben muss ich zum Morgengebet. Das wird alles sehr knapp, weil ich manchmal meine Schultasche noch nicht gepackt habe, und um viertel nach sieben ist Frühstück. Kurz vor halb acht muss ich zur Schule.

Am Montag ist in der ersten Stunde Mathematik. Unser Mathematiklehrer spielt die Orgel in einer Kirche im Bayerischen Wald. Latein habe ich nicht so gern. Unser Lateinlehrer, Herr Doktor Olf, spricht auf lateinisch wie normale Leute deutsch. Die Musik ist bei uns Hauptfach.

Auf dem Nachhauseweg muss ich sehr schnell gehen, weil es um 13 Uhr im Internat Mittagessen gibt. Ente und Knödel esse ich am liebsten oder Spätzle.

Jeden Nachmittag habe ich Geige oder Orchester und zweimal in der Woche Deutsch-Nachhilfe; an einem Tag Klavierunterricht. Von 15 bis 16.30 Uhr ist Studierzeit, danach halte ich eine halbe Stunde Pause.

Von 17 bis 18 Uhr spiele ich Geige. Ich übe jeden Tag. Viele Leute denken, dass man immer eine ganz bestimmte Zeit lang üben muss. Aber ein Musiker hat Gefühle, und wenn er das Gefühl hat, dass die Musik jetzt perfekt ist, dann ist das Üben fertig. In Passau sind auch thailändische Familien, die ich manchmal besuche. Nicht, weil ich Heimweh habe, sondern weil ich da viel essen kann. Am Anfang fand ich das deutsche Essen sehr wenig, aber jetzt habe ich mich daran gewöhnt.

Zweimal im Jahr fahre ich nach Hause, im Sommer und an Weihnachten. Aber da habe ich dann Sehnsucht nach Passau.

Wenn mir am Nachmittag noch Zeit bleibt, höre ich Musik oder lese über Flugzeuge und Reisen. Nach dem Abendessen übe ich Geige, so für mich. Das Musizieren ist eine gute Übung für die Konzentration; man hört nur das eigene Instrument.

Um 21 Uhr in die Kirche, die dauert zehn Minuten, und es liest jemand vor. Danach gehe ich ins Bett. Ich teile ein Zimmer mit Andreas. Im Bett reden wir, was wir den ganzen Tag gemacht haben. Manchmal ist Andreas still, und ich denke an meinen Traum: Ich will wieder nach Thailand zurückgehen. Um 21.30 Uhr wird das Licht ausgemacht, aber wir quatschen noch weiter.

(Die Zeit)

10. Ein thailändischer Schüler in Passau

a) Gib den Tag von Mokkapan Phongphit zusammenfassend wieder.
b) Vergleiche deinen Tag mit dem von Mokkapan. Worin liegen die größten Unterschiede?
c) Ist deiner Meinung nach etwas besonders interessant von dem, was Mokkapan berichtet?

C | Wie bist du eigentlich?

11. Über dich
Du bist seit drei Tagen vermisst.
- Was sollte man über dich unbedingt wissen?
- Wie siehst du aus?
- Hast du besondere Kennzeichen (Eigenschaften, Gewohnheiten)?
- Wo hältst du dich häufig auf?

A	bendlicht
N	aschen
D	enken
R	uhe
E	is
A	llein

12. Vorstellungsspiel
Schreibt euren Namen senkrecht und sucht zu jedem Buchstaben ein deutsches Wort, das über euch etwas Wichtiges mitteilt. Stellt euch also auf diese Weise vor. Welche Vorstellung ist besonders gut gelungen? Diskutiert darüber in der Gruppe.

13. Vorstellung mit einer Collage
Wie stellst du dir diese Person vor?

Mach eine Collage, z. B. eine Postkarte über dich. Du kannst dazu Bilder und Wortfetzen aus Zeitschriften oder Fotos verwenden und kommentieren, selbstverständlich auch selbst zeichnen. Du sollst darstellen, wer du eigentlich bist, was du gern hast, wen und was du magst, wo du lebst, was du gern lernst usw.

14. Vorstellung im Steckbrief
Eine andere Möglichkeit: Stell einen Steckbrief über eine bekannte Persönlichkeit (Künstler, Politiker, Sportler, Wissenschafter ...) zusammen.

LEKTION 2

Einfach tierisch

A | Igel-Hotel

1. Hast du Ideen?
- Was ist ein Igel-Hotel?
- Wer kommt in ein Igel-Hotel?
- Was machen die Gäste im Hotel?

LESETIPP

In Zeitungen findest du oft kurze Artikel über Kuriositäten. Mit Hilfe der W-Fragen kannst du die Informationen dieser Texte erfassen:
WER tat WAS, WANN, WO, WARUM?

Die Igelmutter von Dortmund

Seit drei Jahren widmet sich Anne-Marie Vogt (76) aus Dortmund den Igeln. Sie bringt zu junge und schwache Tiere gesund über den Winter. Diese Igel hätten bei starkem Frost in der freien Natur keine Überlebenschancen. Täglich werden zwei bis drei Igel bei Frau Vogt abgeliefert, sie hat zur Zeit 70 Tiere (bis zur großen Kälte werden es über 100). Ihr „Igel-Hotel" hat verschiedene Kategorien: Tiere mit einem Gewicht von 60 bis 350 Gramm leben in der Küche, 350 bis 500 Gramm schwere in einem Sondergehege und 500 bis 700 Gramm schwere Igel leben im Garten. Wenn ein Tier das Gewicht von 800 Gramm erreicht hat, fährt Frau Vogt in ein Naturschutzgebiet und entlässt es in die Freiheit. Tierärzte aus der Umgebung von Dortmund stehen ihr hilfreich mit kostenlosen Medikamenten zur Seite.

(Süddeutsche Zeitung)

Am Ende dieser Lektion (S. 23–24) findet ihr weitere kurze Artikel über Tiere.

LEKTION 2

2. Worum geht es?

Fasse den Inhalt des Artikels über die „Igelmutter" ganz kurz zusammen.

3. Bedeutungen erraten

Sicher verstehst du im Artikel über die „Igelmutter" nicht alles, aber du kannst versuchen, die Bedeutung zu erraten.

Das steht im Text:	*Das heißt vielleicht*: Rate ohne Wörterbuch!
über den Winter bringen	_____
in die Freiheit entlassen	_____
ein Gewicht von … Gramm	_____
Sondergehege	_____
sich widmen	_____
jm. zur Seite stehen	_____

Was hast du nicht erraten können? Sieh im Wörterbuch nach.

4. Texte vergleichen

- Worüber informieren die zwei Texte?
- Welche Inhalte findest du in beiden?
- Für wen sind sie interessant?

Igel m (Europäischer I.), bis 30 cm langer, plumper, graubrauner, nächtlich lebender Insektenfresser mit aufrichtbarem Stachelkleid. Bei Gefahr rollt sich der I. zusammen. Man findet I. an Waldrändern, Hecken und in Gärten. I. leben von Insekten, Würmern, Schnecken und Mäusen, bisweilen auch von Jungvögeln. Sie halten Winterschlaf. Der I. steht bei uns unter Naturschutz.
(Duden Schülerlexikon)

Igelfibel*

Igelrassen in Österreich: Östlich des Wienerwaldes der Osteuropäische Igel (weißer Bauch), westlich davon der Mitteleuropäische Igel (brauner Bauch).
Igelnahrung: Ersatz für Insekten sind rohes Rindsfaschiertes mit Hundeflocken, gekochtes Hühnerfleisch, Dosenfutter für Katzen – und Wasser.
Igel-erste-Hilfe: Lauwarmes Brausebad gegen Läuse (kein DDT etc.), später Befreiung von Innenparasiten durch Tierarzt oder Igelstation.
Igelwohnung bei Menschen: Riesenschachtel mit Zeitungspapier auslegen, kleine Schachtel mit Öffnung und gefüllt mit Zeitungsschnitzeln als Schlafhäuschen hineinstellen.
Igelschutz: Keine (Schnecken-)Gifte im Garten verwenden, ein „wildes Eck" als Unterschlupf belassen. Vorsicht im Frühjahr! Im Kompost könnte ein Igel überwintert haben – nicht verbrennen!

* e Igelfibel: alles, was man über die Igel wissen muss

5. Deine Tierfibel

SCHREIB'S AUF!

Schreibe nun zu einem anderen Tier eine Fibel. Studiere vorher den Aufbau des Textes.

6. Tierstation

Für welche Tiere würdest du gerne eine ähnliche Station machen?

7. Ein Interview

Macht jetzt ein Interview mit Frau Vogt oder mit einem anderen „Hotel-Besitzer".

B | Haustiere pro und contra

8. Diskussion in der Familie

a) Hans möchte ein Meerschweinchen haben, aber seine Mutter ist dagegen. Was meint ihr, warum möchte Hans das Tier, und warum möchte es seine Mutter nicht? Sammelt mögliche Argumente und Gegenargumente.

Tier	Argument	Gegenargument
Meerschweinchen	– es ist lieb	

b) Hört jetzt das Gespräch. Welche Argumente hört ihr für das Tier und gegen es?

9. Argumente sammeln

Setzt die Liste oben mit anderen Tieren fort und sammelt Argumente für und gegen sie.

10. Und eine Elster?

a) Ihr seht das Gerüst des Dialogs, den Judith mit ihrer Mutter führt. Wie verläuft wohl der Dialog?

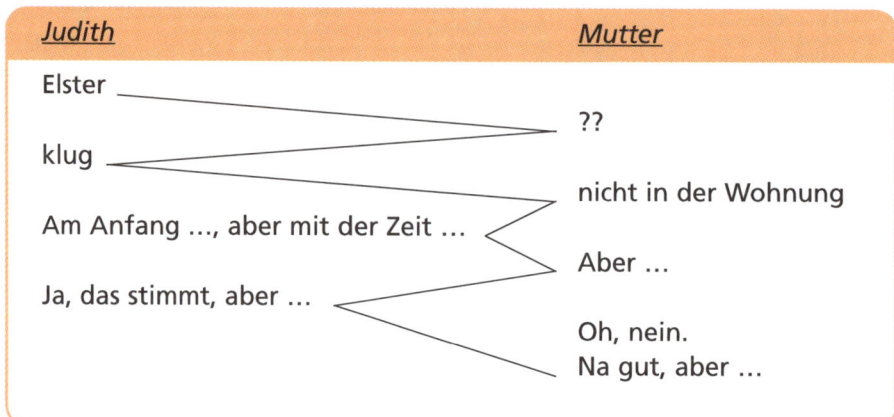

b) Hört jetzt den Dialog.
c) Spielt den Dialog.

LEKTION 2

11. Rollenspiel

Kind
Ich möchte ein/e/n _____ haben, weil _____ .
Kann ich zum Geburtstag ein/e/n _____ haben?
Mutti, warum kaufen wir kein/e/n _____ ?
_____

Mutter/Vater
Das geht doch nicht!
Du bist doch _____ !
Ein/e _____ macht viel Arbeit.
Ein/e _____ braucht einen eigenen Platz in der Wohnung.
Ein/e _____ muss sein/ihr Futter regelmäßig bekommen.
Ein Tier ist kein Spielzeug.
Ein/e _____ kann nicht ständig in einer Wohnung eingesperrt sein.

C | Tiere auf dem Bauernhof

12. Tierarten

Lies den Plakat.
- Was kann man auf diesem Hof finden?
- Kennst du diese Tierarten?

Wenn nicht, dann kann sie dir vielleicht jemand aus der Gruppe beschreiben oder zeichnen.

13. Eine Farm

Macht in der Kleingruppe Pläne über eine Farm.
- Wo liegt die Farm?
- Was findet man dort?
- Welche Tiere würdet ihr halten und warum?
- ...

Wenn ihr Lust habt, könnt ihr die Farm auch zeichnen.

14. Urlaubsprospekt

SCHREIB'S AUF!

Verfasst einen kurzen Text, in dem ihr eure Farm vorstellt. Er soll für einen Urlaubsprospekt *Ferien auf dem Bauernhof* sein.
Eine Familie mit Kindern soll bei euch Urlaub machen können. Überlegt also, was eure Farm und die Umgebung den Urlaubsgästen bieten kann. Die Beispiele helfen euch.

---

*Urlaub für die ganze Familie
Ein fantastisches Angebot*

*Auf unserem Bauernhof können Sie einen wirklich erholsamen Urlaub machen.
Er liegt in einem wunderschönen Tal in _____ /auf _____ Höhe/in einer herrlichen _____ .
Wir haben viele Haustiere/ _____ .
Sie bekommen ständig frische Milch/Buttermilch/Käse/selbst gemachtes echtes Bauernbrot/verschiedene Produkte der eigenen Biolandwirtschaft/ _____ .
In der Umgebung können Sie geführte Wanderungen mit Ihren Gastgebern machen/ _____ .
Es gibt auch tolle Mountainbikestrecken/Grillplatz/Liegewiese/Frühstückspension/ _____ .
Die Kinder können die Tiere füttern/ _____ .
Schriftliche Infos können Sie unter der Telefonnummer _____ anfordern.*

D | Bankmanager im Zoo gelandet

15. Interview mit dem Zoodirektor

Der Zoodirektor in Budapest hat eine ungewöhnliche Karriere. Österreichische Schüler haben ihn danach gefragt, was ihn zu dieser Entscheidung gebracht hat, was er für ein Mensch ist und vieles andere.

a) Hör das Interview und mach dir Notizen.

*WER? • WAS?
WANN? • WARUM?
WOZU? • WIE?*

b) Erzähle einem Mitschüler, worum es im Gespräch geht.
Du kannst auch in deiner Muttersprache erzählen.

LESETEXTE

ELEFANTEN-DRESSUR

Die Zirkusnummer findet im Zoo statt. Die Zoo-Elefanten heben ihren Trainer Wolfgang mit dem Rüssel hoch, bauen eine Brücke, setzen sich auf Kommando, machen Handstand oder lassen ihn auf ihren verknoteten Rüsseln schaukeln. Trainer Wolfgang bringt den Zoo-Elefanten seit 10 Jahren alles bei, was Zirkus-Elefanten auch lernen. Die großen Tiere spielen gerne mit. Wenn Elefanten nichts zu tun haben, wird es ihnen langweilig. Ihr Auftritt vor den Zoo-Besuchern ist für sie Abwechslung. Bei Schulklassen ist der Besuch der Elefanten-Dressur ganz besonders beliebt. Hat ein Schüler Geburtstag, darf er auf einem der Tiere einige Runden durch das Gehege reiten.

(JUMA)

ADLER STOPPEN STRASSENBAU

Ein brütendes Schreiadlerpaar hat die Straßenbauer an der Autobahn Berlin-Stettin gestoppt. Die wollten die Fahrbahn verbreitern und eine Standspur bauen. Doch jetzt ist Schluss mit den Arbeiten bis zum Sommer. Das Nest der Vögel liegt in einem Wald direkt neben der Straße. Weil Schreiadlerpaare vom Aussterben bedroht sind, tut man alles, um ihre Art zu erhalten.

(JUMA)

LESETEXTE

Der Goldfisch beim Tierarzt

Eine alleinstehende alte Frau hat einen Goldfisch im Glas und liebt ihn über alle Maßen. Täglich spricht sie mit ihm. Eines Tages erkrankt der Fisch; die besorgte Frau bringt ihn zum Tierarzt nach Obernjesa. Der Arzt versteht nicht viel von Fischen, sieht aber auf den ersten Blick, daß dem Tier nicht mehr zu helfen ist. Er behält den Fisch in der Praxis und schickt die alte Frau weg. Dann wirft er den mittlerweile toten Fisch ins Klosett und kauft für 3,- DM in der Zoohandlung einen neuen. Als die Frau den Fisch abholt, ist sie überglücklich. Der Arzt berechnet für seine Bemühungen lediglich die Unkosten von 3,– DM.

PAPAGEI VERJAGT EINBRECHER

Pech hatte ein Einbrecher in Oberstorf. Er kletterte nachts durch das Kellerfenster eines Hauses. Kurze Zeit später sprang er durch das Wohnzimmerfenster und verschwand. Was war passiert? In dem Haus wohnte ein sprechender Papagei. Der Vogel sagt „Guten Morgen", wenn man Licht anmacht. Der Einbrecher hatte eine Kerze angezündet. Als er die Begrüßung hörte, erschrak er und floh.

(JUMA)

KÖNNEN KATZEN MALEN?

Welche dieser beiden Behauptungen sind richtig: 1. Katzen sind begabte Maler. 2. Ihre Bilder werden ausgestellt und verkauft.

Über 2. lässt sich nicht streiten: Da wäre Bootsie, die Hauskatze aus San Francisco. Was ihre Pfoten auf der Leinwand hinterlassen, brachte ihrem Besitzer auf Ausstellungen bisher über 1,2 Millionen Schilling ein.

Dass auch 1. stimmt, das behaupten zwei Kunstkritiker in Neuseeland, die jetzt einen „Katzenkatalog" herausgebracht haben. Thema des Werkes: „Warum Katzen malen – die Zukunft der Katzenkunst." Darin werden Bootsie und weitere elf Katzen vorgestellt, die von den Autoren als wichtige Künstler angesehen werden. Bootsie, so schreiben sie, „benützt einen aggressiven Stil, um ihre inneren Gefühle und Ansichten auszudrücken …"

Die Herausgeber des Buches haben auch eine Galerie für Katzenkunst in Neuseeland eröffnet.

(TOPIC)

LEKTION 3

In oder out?

A | Kleider machen Leute

1. Was tragen sie?

Lies die Texte und schreibe die Schlüsselwörter aus dem Text neben das passende Bild.

Behrang, 16, ist Schüler. Er trägt in der Schule meistens „Jeans, Pulli und Turnschuhe". In der Disco ist er „etwas schicker". Für Feste kleidet er sich „etwas seriöser". Das heißt: neben Turnschuhen und Jeans Hemd und Sakko. Kleidung ist Behrang „relativ wichtig": „Sie ist so wie ich bin!" Wie Behrang sich nie kleiden würde: „Wie Gruftis* oder Punker."

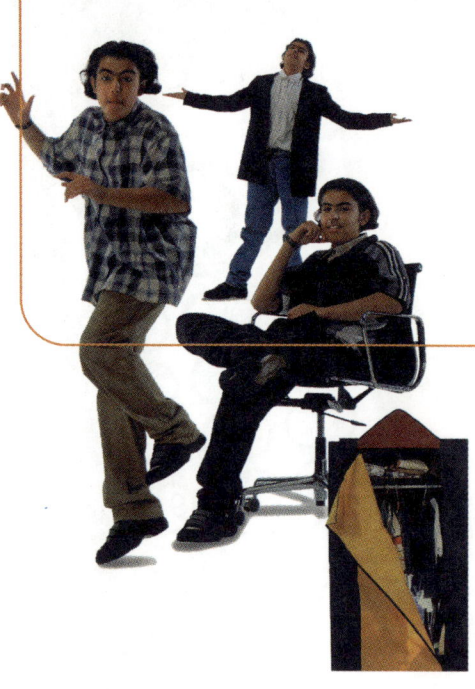

Bianca, 21, lernt Bankkauffrau. Gute Kleidung ist ihr Hobby. „Andere geben ihr Geld für Reisen aus", sagt sie, „ich kaufe mir Anziehsachen davon." Die Bank verlangt „angemessene" Kleidung. Also trägt Bianca dort schicke Schuhe, Hosen, Röcke, und Blusen. In der Berufsschule darf es etwas bequemer sein, zum Beispiel Jeans und Pulli. Bianca kleidet sich gerne außergewöhnlich. Devise: Auffallen ist alles! Ihre Abendgarderobe: Kurze Cocktailkleider. Zum Einkaufsbummel trifft sie sich am liebsten mit ihrer Freundin Heidi: „Sie ist die Einzige, die meinem Kaufrausch gewachsen ist!" Lieblingsgeschäfte oder -boutiquen hat Bianca nicht: „Schicke Sachen gibt es überall!" Oft kauft sie spontan ein Paar Schuhe, ein Kleid. Was sie nie tragen würde: eine Latzhose.

Miriam, 15, ist Schülerin. Sie zieht am liebsten kurze und lange Röcke, Kleider und Jeans an. Was andere tragen, findet sie nicht wichtig. „Hauptsache, mein Stil passt zu mir." Schlaghosen findet Miriam „ätzend"*. Die würde sie nie anziehen. Miriams besondere Note: Sie knickt Schuhe gerne um, auch wenn das unbequem ist. Damit will sie sich von anderen abheben: „Alle anderen ziehen ihre Schuhe richtig an."

(JUMA)

*r Grufti, -s: hier: schwarzgekleidete Person
*ätzend: sehr schlecht, hässlich

LEKTION 3

2. Lieblingskleidung

Was meint ihr, was tragen diese Personen gerne?
Die unten angegebenen Ausdrücke helfen euch bei der Beschreibung der Personen.

Anna

Thomas

Christian

Esther

Er/Sie trägt wahrscheinlich _____ gern.
        zieht vielleicht am liebsten _____ an.
        zieht – denke ich – _____ nie an.
        mag _____ sehr.
        findet _____ schön.

_____ gefällt/gefallen ihm/ihr – meiner Meinung nach – (nicht).
Sein/Ihr Lieblingspulli hat/ist eventuell _____.
_____
_____
_____
_____

B | Uniform der Jugend?

3. Ein Steckbrief

Wie gut kennt ihr die Jeans? Ergänzt den „Steckbrief".

Name:
Alter:
Geburtsort:
Schöpfer (Vater):
Verwandte:
Material:
Eigenschaften:
Karriere:

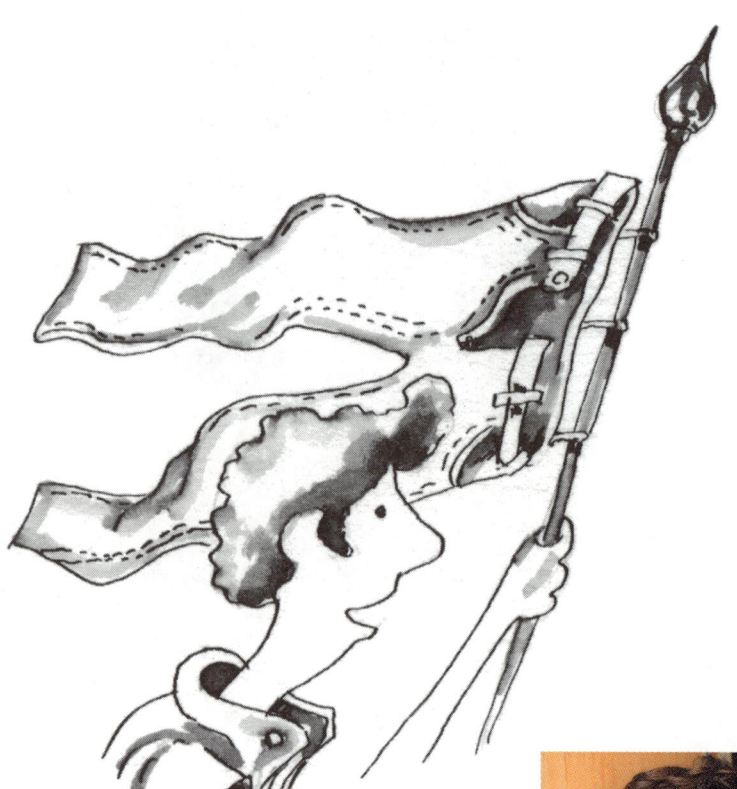

4. Die Geschichte einer Hose

Lest den folgenden Text, den ein deutscher Gymnasiast in einer Schülerzeitung veröffentlichte. Vergleicht dann den Inhalt des Textes mit euren Ideen in Aufgabe 3.

LESETIPP

Vor längeren Zeitungsartikeln steht oft eine kurze Einleitung. Sie hat die Funktion, die wichtigsten Themen des Textes aufzuzählen und so das Interesse des Lesers zu wecken. Studiere vor dem Lesen diesen Teil.

HOSE der Goldsucher, Cowboys und Arbeiter

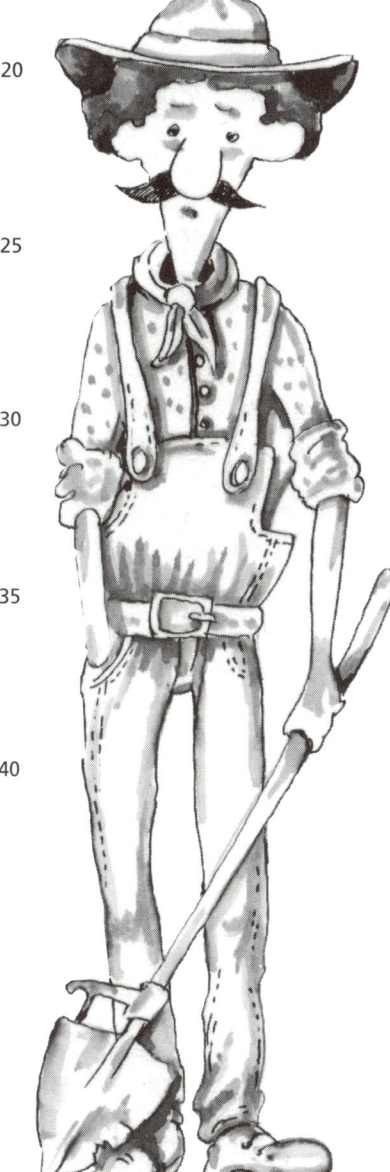

Jeder kennt den Namen LEVI STRAUSS. Jeder hat mindestens eines seiner weltbekannten Produkte. Er ist Erfinder und Hersteller der weltbekannten LEVI'S Jeanstextilien. Ob Jacke oder Stirnband, ob T-Shirt oder Boxershorts, ob Schuhe oder ganz einfach Jeanshose, jeder kennt die Marke LEVI'S. Die Jeans kann auf eine über 140-jährige Geschichte zurückblicken.

Wie alles begann: Levi Strauss wurde 1829 in der kleinen Stadt Buttenheim zwischen Nürnberg und Bamberg als Sohn einer jüdischen Familie geboren. Im Jahre 1848 wanderte er mit Mutter und Geschwistern nach Amerika aus. Die zwei älteren Brüder lebten schon lange dort und handelten mit Stoffen. Im Gepäck hatte er ein paar Ballen robustes Segeltuch[1]. Er wollte diesen starken Stoff den Goldsuchern in Kalifornien für Zelte verkaufen. Doch es kam anders. Die Goldgräber brauchten feste Kleidung; da ließ er aus dem Segeltuch Hosen schneidern. So entstand 1853 die erste LEVI'S Jeans. 1890 gründete er die Firma LEVI STRAUSS & CO mit damals 40 Mitarbeitern. Den großen Boom[2] seines Produkts sollte Levi Strauss nicht mehr erleben. Er starb 1902 im Alter von 73 Jahren. Aber seine Hosen machten eine tolle Karriere.

Aus der puren Arbeitskleidung entwickelte sich eine Freizeithose, die sogar eine Art Statussymbol wurde.

In den 50-er Jahren war die Jeans eine Art Symbol der Rebellion der Jugend gegen das Establishment[3]. Ende der 60-er Jahre begann dann der Siegeszug[4] der Jeans mit Hilfe der Jugend über den ganzen Erdball.

Bis heute hat sich die Jeans längst über die ganze Welt verbreitet. Sie hat die unterschiedlichsten Modeströmungen nicht nur überlebt, sondern auch entscheidend mitgeprägt[5]. Ungewaschen, stonewashed[6] oder fast weiß gebleicht, superweit, klassisch gerade oder knalleng[7] ist die Jeans und im besonderen die original 501 LEVI'S begehrt[8] wie eh und je.

(Alea iacta est)

5. Wo steht etwas darüber?

Markiere im Text, wo es um die folgenden Themen geht:

die Karriere der Jeans • Jeans als Protest • über Levi Strauss • Jeans als Arbeitskleidung
Jeans heute • Gründung der Firma Levi Strauss

6. Was ist da passiert?

Welche Rolle spielen die folgenden Jahreszahlen in der Geschichte der Jeans?

1829: *Da wurde Levi Strauss geboren.*
1848: _____
1853: _____
1890: _____
1902: _____
50-er Jahre: _____
60-er Jahre: _____

7. Rollenspiel

SCHREIB'S AUF!

Zwei Jeans „unterhalten sich", was alles sie erleben, überleben mussten.

8. Reiseziele

- eine Woche Badeurlaub an der Adria
- eine Woche Wandertour in der Tatra
- eine Woche in Wien

a) Wählt ein Reiseziel aus und macht eine Liste: Was steckt in eurem Koffer / Rucksack?
b) Setzt euch je nach Reisezielen in Gruppen zusammen, vergleicht eure Listen und einigt euch, was ihr mitnehmt.

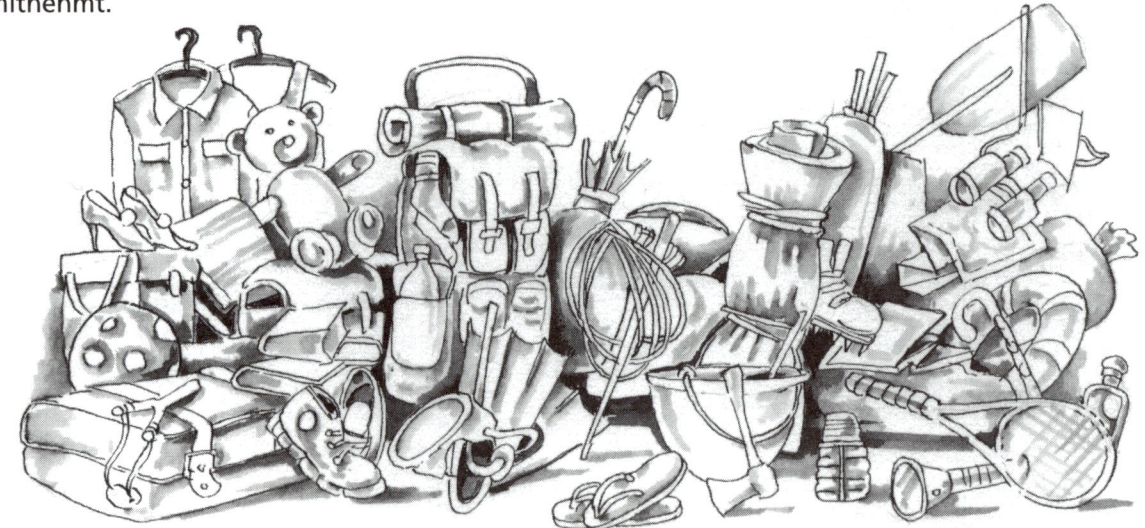

C | Was ist modisch?

9. Im Trendshop

Reporter Quick von der „Kallstadter Post" macht eine Reportage über die aktuelle Mode und was Jugendliche kaufen. Ihr hört einige seiner Gespräche, die er mit jugendlichen Kunden geführt hat.

Auf welche Kunden beziehen sich die folgenden Sätze?
Kreuze nach dem zweiten Hören an.

	1	2	3
… sucht eine Hose in einer bestimmten Farbe.	☐	☐	☐
… hat sich gerade einen Hut gekauft.	☐	☐	☐
… trägt gern etwas Zeitloses, Elegantes.	☐	☐	☐
… hat schon verschiedene Hosen anprobiert.	☐	☐	☐
… meint, Mode ist, was gefällt.	☐	☐	☐
… tanzt in einem Verein.	☐	☐	☐
… meint, es lohnt sich teure Sachen zu kaufen.	☐	☐	☐
… steht auf eine bestimmte Marke.	☐	☐	☐
… interessiert sich für Mode überhaupt nicht.	☐	☐	☐

10. Was ist für dich modisch?

Ist grün Mode –
trage dennoch, was dir gefällt.
Haben alle kurze Haare –
lasse sie so, wie's dir gefällt.
Nur so bleibst du
was Besonderes.
*(Thomi, 19,
Maschinenmechaniker, Schweiz)*

- Was trägst du am liebsten?
- Ist es wichtig für dich, wie du dich kleidest?
- Warum magst du gerade so aussehen?
- Was trägst du gar nicht? Was würdest du auf keinen Fall anziehen? Warum nicht?

Schreibe einen Text, in dem du die Hitliste deiner Kleidungsstücke bei verschiedenen Tätigkeiten, zu verschiedenen Zeiten und Stimmungen den anderen vorstellst.

DAS GROSSE WIR-BUCH

Stellt nun das erste Kapitel für DAS GROSSE WIR-BUCH zusammen!
Das geht so: Ihr sammelt alle Texte und heftet sie zu einem „Buch" zusammen. Ganz toll sind auch Fotos oder Zeichnungen zu den Texten. In diesem Buch könnt ihr dann immer wieder lesen, herumblättern. Viel Spaß dabei!

LESETEXTE

Was ist eigentlich deine Lieblingsfarbe?

Hast du schon gehört, dass Farben viel über den Charakter und die besondere Stimmung eines Menschen aussagen? Wähle spontan deine Lieblingsfarbe aus und lies die dazugehörigen Charaktereigenschaften nach. Trifft es für dich zu?

Türkis
Du stehst total auf Türkis? Du bist freundlich, optimistisch und tüchtig. Oft aber bist du unentschlossen, kindisch und sogar verträumt. Um deinem Leben etwas mehr Pep* zu geben, solltest du zu einem kräftigen Rot greifen!

Rot
Wenn Rot deine Lieblingsfarbe ist, bist du kampflustig, energisch und entschlossen. Hart kann es für dich werden, wenn du überall unbedingt deinen Kopf durchsetzen willst. Um dich zu beruhigen, trage nicht permanent Rot, sondern versuch's einfach mal mit einer Prise Violett!

Violett
Falls du dich für Violett entschieden hast, bist du spirituell, ruhig und ausgesprochen friedliebend. Allerdings kannst du auch ziemlich chaotisch, unordentlich und sogar faul sein. Zwar zeigt Violett deutlich deine innere Einstellung, aber trotzdem solltest du deinen Alltag mit etwas Gelb aufhellen!

Gelb
Falls Gelb deine Favoritenfarbe ist, bist du intelligent, warmherzig und gesellig, aber du kannst auch unreif, unsicher und ziemlich dominant sein. Mit Violett bringst du mehr Farbe ins Spiel.

Pink
Deine Lieblingsfarbe ist Pink? Du bist ein cleverer und romantischer Mensch, aber manchmal kannst du auch ein bisschen zu soft sein. Für eine freche Portion Power brauchst du ein bisschen mehr Grün in deinem Leben!

Grün
Wenn du dich für Grün entschieden hast, dann bist du ein ausgeglichener Typ. Du bist verständnisvoll und bestimmt, aber auch schüchtern, übervorsichtig und rechthaberisch. Ein kräftiger Schuss Pink gibt dir mehr Sicherheit!

Orange
Wenn du Orange zu deiner Lieblingsfarbe gewählt hast, bist du begeisterungsfähig, beständig und auch sehr humorvoll! Leider lässt du dich manchmal zu sehr stressen, und das kann dir unnötigen Ärger einbringen. Um dies zu vermeiden, nimm einfach etwas Blau in deine Farb-Palette auf!

Blau
Wenn du auf Blau abfährst, bist du ruhig, kreativ und ehrlich. Leider verlierst du oft zu schnell dein Selbstvertrauen. Um selbstbewusster aufzutreten, solltest du dich nicht komplett in Blau kleiden, sondern diese Farbe lieber mit Orange kombinieren!

*r Pep: r Schwung

LEKTION 4

Zeit für Hobbys

A | Wie sieht dein Sonntag aus?

Kleinstadtsonntag

Gehn wir mal hin?
Ja, wir gehn mal hin.
Ist hier was los?
Nein, es ist nichts los.
Herr Ober, ein Bier!
Leer ist es hier.
Der Sommer ist kalt.
Man wird auch alt.
Bei Rose gabs Kalb.
Jetzt isses schon halb.
Jetzt gehn wir mal hin.
Ja, wir gehn mal hin.
Ist er schon drin?
Er ist schon drin.

Gehn wir mal rein?
Na, gehn wir mal rein.
Siehst du heute fern?
Ja, ich sehe heut fern.
Spielen sie was?
Ja, sie spielen was.
Hast du noch Geld?
Ja, ich hab noch Geld.
Trinken wir ein'?
Ja, einen klein'.
Ja, gehn wir mal hin.
Ja, wir gehn mal hin.
Siehst du heut fern?
Ja, ich sehe heut fern.

Wolf Biermann

1. Gefühle
Welche Begriffe passen eurer Meinung nach am besten zum Lied?

> *Spannung • Neugierde*
> *Zufriedenheit*
> *Monotonie • Traurigkeit*
> *Erwartung*
> *Langeweile • Interesse*

2. Inhalt und Titel
a) Lest den Text noch einmal und stellt fest, welche Freizeitbeschäftigungen darin vorkommen.
b) Warum ist der Titel *Kleinstadtsonntag*? Könnte es auch *Großstadtsonntag* heißen?

3. Eine Umfrage

Macht in Gruppen eine Umfrage untereinander darüber, wie bei euch ein Sonntag aussieht, was ihr an einem freien Nachmittag macht, …

a) Überlegt euch vorher, was ihr fragen wollt.
b) Stellt jetzt eure Fragen. Folgende Muster helfen euch dabei:

Ich möchte wissen,	ob du oft ausgehst.
Mich interessiert,	wann _____ .
Kannst/Könntest du mir sagen,	wo du am Sonntag warst.
Ich möchte dich fragen,	wie _____ .
	warum _____ .
	…

c) Stellt am Ende fest, welche Aktivitäten bei euch am häufigsten vorkommen.

B | Einmal Ballboy für …

4. Aufgaben eines Ballboys

Könnt ihr euch vorstellen, wen man einen „Ballboy" nennt? Was für Aufgaben kann er wohl haben? Wenn ihr Ideen habt, tragt sie gleich ein. Wenn nicht, geht weiter und lest den Text.

Er muss _____   Zu seinen Aufgaben gehören das _____

Er darf nicht _____   Das _____ ist nicht erlaubt.

EINMAL BALLBOY FÜR BORIS

Wenn am 20. Juni bei London das berühmteste Tennisturnier der Welt beginnt, haben auch 132 Jungen und Mädchen ihren großen Auftritt – die „Ballboys" von Wimbledon.

Endlich ist es soweit. Unten auf dem Rasen stehen alle bereit: die beiden Spieler, der Oberschiedsrichter, seine Linienrichter – und ein Sechser-Team von Jugendlichen, die in England heute noch nur „Ballboys" genannt werden, obwohl seit mehr als 15 Jahren auch Mädchen dabei sein dürfen. Die Rollen sind genau verteilt: Vier der jungen Leute postieren sich an den Stirnseiten des Feldes¹. Die beiden übrigen kauern² auf dem Boden links und rechts vom Netz. Kurz nach 14 Uhr – der erste Aufschlag. Wenn einer der Spieler keine Bälle mehr hat, schnellt sofort ein „Ballboy" hoch und bietet Nachschub an. Verschlagene Bälle sollen die Jugendlichen so schnell wie möglich „einfangen". „Alles, was wir tun, ist bis ins letzte Detail³ vorgeschrieben", sagt Anna, die Kapitän ihres Teams ist.

Tagelang in manchmal sengender Hitze⁴ meist unbeweglich dazustehen – ein anstrengender Job, für den es gerade mal 180 Mark gibt und zwei Sets der grün-lilafarbenen „Uniform". Trotzdem bewerben sich immer wieder sehr viele junge Engländer um den ungewöhnlichen Job.

Jedes Jahr werden im Februar Briefe an die Schulen verschickt, in dem Freiwillige gesucht werden. Auch Annas Schule bekam ein solches Schreiben.

Ein paar Wochen später machte die 15-jährige – zusammen mit weit mehr als 200 Jugendlichen aus ganz London – einen Test mit Fitness- und Geschicklichkeitsprüfungen.⁵

Es wurden nur genau 132 Mädchen und Jungen angenommen und anschließend von Trainern auf ihren Einsatz vorbereitet: Korrektes Aufstehen, Fangen und Rollen der Filzkugeln – Werfen ist strengstens verboten – werden ebenso geübt wie Schnelligkeit und Ausdauer. Vier Wochen dauert diese Grundausbildung.

Danach kommen noch einmal vier Wochen, mit richtigen Tennismatches. Höflichkeit bedeutet hier, den Spielern Bälle, Handtücher oder Getränke zu reichen, doch sind kleine Bemerkungen, Lachen, Gespräche mit den Spielern nur dann erlaubt, wenn man angesprochen wird. Aber das, so erzählt Anna, kommt nur ganz, ganz selten vor.

Annas Traum wäre, einmal mit Boris Becker zusammen auf dem Rasen zu stehen, aber dazu hat sie nur eine einzige Chance, denn eine der eisernen Regeln von Wimbledon lautet: „Ballboy wird man nur einmal im Leben."

1. die Schulen bekommen Briefe; Freiwillige werden gesucht

2.

3.

4.

5. Wie ist Anna Ballboy geworden?

Lest den Text noch einmal und füllt den Kasten neben dem Text stichwortartig aus. Wie ist Anna Ballboy geworden? Ihr könnt dann ihren Weg zum Ballboy ablesen.

6. Zusammenfassung

Erzählt nun selbst:

Zuerst _____ .
Dann _____ .
Anschließend _____ .
Danach _____ .
Schließlich _____ .

7. Was steht im Text?

Jetzt könnt ihr sicher Aufgabe 4 vollständig lösen. Sucht nach Informationen, welche Aufgaben ein Ballboy wirklich hat und wie er sich verhalten muss.

8. Ein Brief aus Wimbledon

Wie würdest du reagieren, wenn eure Schule auch einen Brief aus Wimbledon bekommen würde?

Ich würde gern _____ .
*   sofort _____ .*
*   bestimmt nicht _____ .*

Ich wäre kein guter Ballboy, denn _____ .
Ich hätte dazu keine Lust, weil _____ .

C | Weitere Hobbys

9. Informationen im Text

Was für Hobbys haben Lars und Uwe, seit wann, was braucht man dazu und was sind die Stationen, wie man es erlernt?

Ich heiße **Lars Martini**, bin 16 Jahre, und mein Hobby ist das Segelfliegen. Dieses Hobby betreibe ich seit etwa einem halben Jahr. Die Hauptsaison für das Segelfliegen geht von April bis Oktober, das hängt jedoch vom Wetter ab. Man kann nicht nur fliegen, sondern muss auch bei der Wartung und Pflege[1] der Flugzeuge helfen.

Und so könnt ihr dieses nicht ganz alltägliche Hobby erlernen: Man beginnt sofort mit dem Fliegen. Man wird allerdings erst einmal von einem Fliegerarzt untersucht. Zuerst wird man auf einem Holz-Doppelsitzer[2] geschult. Dabei sitzt der Fluglehrer hinter dem Flugschüler. Nach ca. 70 bis 100 Starts mit dem Lehrer kommt dann der erste Alleinflug. Nach dem dritten Alleinflug hat man die praktische A-Prüfung be-

standen. Später wird man auf Kunststoffflieger umgeschult. Natürlich gilt beim Segelfliegen aus Sicherheitsgründen Fallschirmpflicht[3].

Ich heiße **Uwe Michels**, bin 15 Jahre alt und mein Hobby ist seit drei Jahren das Tauchen. Das ist ein sehr ruhiger Sport. Man braucht da keine großen Leistungen, sondern man schwebt durch das Wasser und bewundert die großartige Unterwasserwelt mit ihren mannigfaltigen Pflanzen und Fischen.

Zum Tauchen benötigt man eine Ausrüstung, die aus Maske, Schnorchel und Flossen besteht. In den ersten Trainingsmonaten lernt man die Ausrüstung kennen und bereitet sich auf die Prüfung vor. Um in Freigewässern tauchen zu können, braucht man natürlich eine größere Ausrüstung mit einem speziellen Anzug zum Schutz vor Kälte, einem Kompass und einem Tiefenmesser, um die Tauchtiefe festzustellen. Den Tauchsport sollte man nie allein ausüben, denn dies ist zu gefährlich. Ich bin deshalb in einem Tauchclub, mit dem wir auch größere Fahrten unternehmen, wie z. B. in den Herbstferien nach Spanien an die Costa Brava, um dort an einem Korallenriff zu tauchen.

10. Und du?

Würdest du das Hobby von Lars oder Uwe gern betreiben?

Ich würde _____ ausprobieren.
Ich würde auf keinen Fall _____ .
Mich würde _____ interessieren, weil _____ .

11. Annabells Hobby

a) Was macht Annabell in ihrer Freizeit? Hört euch an, was sie erzählt.
b) Hört den Text noch einmal, beantwortet dann folgende Fragen:
- Wie sind die Tiere im Tierheim?
- Wie leben dort die Hunde?
- Warum hat sie diese Beschäftigung gewählt?

c) Mit welchen Tieren würdest du dich gern beschäftigen?

12. Ein interessantes Hobby

Gibt es in deinem Bekanntenkreis jemanden mit einem interessanten, außergewöhnlichen Hobby? Was braucht man dazu? Wie kann man es erlernen?
Forsche nach und berichte den anderen.

13. Freizeitaktivitäten

a) Welche der folgenden Freizeitaktivitäten würdest du gern betreiben? Welche nicht?
Mach Kreuze.

Freizeitaktivitäten	spannend, interessant	teuer	kindisch	langweilig	macht Spaß	zeitaufwändig	_____	_____
Computer	☐	☐	☐	☐	☐	☐	☐	☐
Fußball	☐	☐	☐	☐	☐	☐	☐	☐
Disco	☐	☐	☐	☐	☐	☐	☐	☐
Reiten	☐	☐	☐	☐	☐	☐	☐	☐
Tiere	☐	☐	☐	☐	☐	☐	☐	☐
Konzert	☐	☐	☐	☐	☐	☐	☐	☐
Billard	☐	☐	☐	☐	☐	☐	☐	☐
Theater	☐	☐	☐	☐	☐	☐	☐	☐
Handarbeit	☐	☐	☐	☐	☐	☐	☐	☐
Schach	☐	☐	☐	☐	☐	☐	☐	☐
Fotografieren	☐	☐	☐	☐	☐	☐	☐	☐
Singen/Musizieren	☐	☐	☐	☐	☐	☐	☐	☐
_____	☐	☐	☐	☐	☐	☐	☐	☐
_____	☐	☐	☐	☐	☐	☐	☐	☐
_____	☐	☐	☐	☐	☐	☐	☐	☐

b) Vergleicht die Ergebnisse in der Klasse. Welche Aktivitäten sind besonders beliebt? Welche nicht? Warum?

14. Klassenporträt

Diese Klasse stellt in der Schulzeitung die typischen Aktivitäten der einzelnen Schüler auf witzige Weise vor. Kannst du die fehlenden Verben ergänzen?

Wählen Sie Ihren persönlichen

FREIZEITBETREUER!

Sie können
mit Marc Kaugummiblasen vermessen,
mit Melody Masken malen, töpfern, Kerzen gießen,
mit Astrid im Autodrom kurven,
mit Barbara K. Kirschkerne um die Wette _____ ,
mit Peter Müller Schi _____ und Fußball _____ ,
mit Girid musizieren,
mit Babette Schnecken _____ ,
mit Raffaela Fliegen _____ ,
mit Johannes Str. Schummelzettel entwerfen,
mit Johannes S. an den Nerven der Lehrer _____ ,
mit Gerhard Eidechsen _____ ,
mit Michael einen Flohzirkus eröffnen,
mit Christoph Limonade _____ ,
mit Barbara Z. über Wiesen _____ ,
mit Rabi in den Wolken _____ ,
mit Andrea in der Loopingbahn die Schwerkraft testen,
mit Martin beim French Open mit Seifenblasen Tennis _____ ,
mit Nathalie Chips _____ ,
mit Bernadette Freundschaftsbänder knüpfen,
mit Myriam Regenwürmer _____ ,
mit Carola Kimonos wickeln,
mit Tan in der Schule um die Wette _____ ,
mit Matthias Rad fahren oder
mit Martina in 80 Tagen um die Welt tauchen.

Viel Spaß dabei wünscht die 1A

schlafen
spielen
beobachten
trinken
schweben
spielen
fahren
futtern
sammeln
galoppieren
suchen
fangen
sägen
spucken

15. Fantasiehobbys

Erfindet Hobbys, die nur im Reich der Fantasie vorstellbar sind.

- *Sterne an den Himmel malen*
- *mit Hasen um die Wette laufen*
- *auf Seifenblasen durch die Luft schweben*
- _____
- _____
- _____

Die lustigsten Ideen könnt ihr auch zeichnen.

16. Euer Gruppenporträt

Welche „Verrücktheiten" könnte man mit euren Mitschülern machen? Sammelt Ideen und stellt eine ähnliche Liste zusammen.

DAS GROSSE WIR-BUCH

Ihr könnt euren Text mit einem Gruppenfoto in das GROSSE WIR-BUCH heften.

LESETEXTE

In einem Leserbrief fragen zwei Schülerinnen die Jugendzeitung „Popcorn" um Rat:

Keine Zeit für HOBBYS

Wir besuchen die achte Klasse eines Gymnasiums und stehen unter völligem Schuldruck. Für Freizeit und Hobbys bleibt so gut wie gar keine Zeit mehr. Wir sitzen täglich von 8-14.30 Uhr in der Schule, kommen um ca. 15.00 Uhr nach Hause und sitzen dann durchschnittlich drei Stunden an Hausaufgaben. Einige sind schon bei den Aufgaben eingeschlafen oder legen sich nach der Schule erstmal hin, weil sie vor drei Uhr nicht ins Bett kamen. Und wenn man dann um 5.30 Uhr morgens aufstehen muss, ist das schon ziemlich hart. Mit den Lehrern haben wir schon gesprochen, aber sie nehmen keine Rücksicht darauf. Sie sagen bloß, sie müssen ihren Stoff durchziehen, und wer das nicht schafft, sollte die Schule wechseln. Im letzten Jahr ist sehr viel ausgefallen, und wir sehen ja auch ein, dass wir das aufholen müssen. Aber wir finden es nicht okay, wenn wir sogar übers Wochenende und in den Ferien Hausaufgaben aufkriegen, wie z.B. fünf Seiten Englischvokabeln lernen. Mit den Lehrern kommen wir zur Zeit auch nicht besonders gut klar, weil einige von uns aus Trotz keine Hausaufgaben machen. Wir können sie verstehen. Den ganzen Tag lernen und keine Zeit mehr für Hobbys zu haben, ist ganz schön übel. Wir hocken bis in die Nacht vorm Französischbuch und versuchen mehr und mehr Vokabeln in uns reinzubekommen. Aber irgendwann geht halt nichts mehr rein, wie bei uns zur Zeit. Deshalb hoffen wir, dass Ihr uns helfen könnt. Die Schule ist total super, nur das viele Lernen stresst.
Danke schon mal im Voraus.

Britta und Nina, 14 Jahre

LEKTION 5

Spielst du gern?
Dann mach doch mit!

A | Was spielst du gern?

1. Welches Spiel ist das?
Ihr hört Geräusche von Spielen. Wer kann die meisten Spiele erkennen?

2. Umfrage
Die Journalistin Franziska Keller hat Leute über das Thema „Spielen" interviewt. Lies die Texte und errate, welche Fragen sie ihnen wohl gestellt hat.

„Karten und Computergames"

Erika Fradinger, 15, Mittelschülerin

„Ja, ich spiele gern. Sicher viermal pro Woche, meistens am Abend, sitze ich mit der Familie oder mit Freundinnen und Freunden zusammen und spiele. Zwar tue ich das meistens aus Langeweile, andererseits genieße ich auch die Gesellschaft und das Zusammensein mit den anderen. Am liebsten spiele ich Karten – oder aber Computergames."

„Eine lockere Form von Gemeinschaft"

Stefan Bolt, 27, Lehrer

„Ja, ich spiele gern, wenn auch ziemlich unregelmäßig. Ich bin froh, wenn sich Gelegenheiten zum Spielen ergeben – auch wenn ich als ehrgeiziger Mensch eigentlich nicht gerne verliere.

Ich glaube, Spielen ist eine lockere Form von Gemeinschaft, lustig und spannend – ich denke dabei vor allem an Spiele, die man zu zweit oder in Gruppen spielt. Überhaupt finde ich es wichtig, dass man heutzutage zusammen spielt."

„Gemeinsam etwas machen"

Carla Kälin, 32, Ärztin

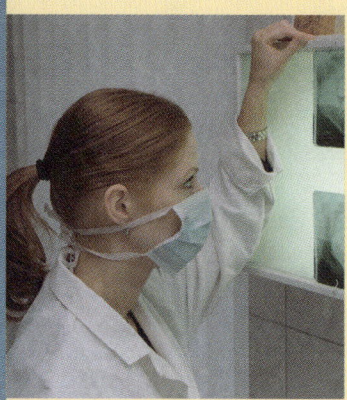

„Zwischendurch spiele ich gern. So alle 14 Tage, meistens am Sonntag, wenn ich frei habe, spiele ich zusammen mit anderen Leuten. Es macht Freude, mit Menschen zusammen zu sein und gemeinsam etwas zu machen. Es hängt sehr wesentlich mit unserem Leben zusammen, man lernt im Spiel einen kreativen Umgang mit Möglichkeiten. Heute ist die Spielkultur eher am Abnehmen: Viele mögen nur Gameboys und Einzelspiele, nicht herausfordernde Gesellschaftsspiele."

3. Wer sagt das?

Lies bitte den Text noch einmal und kreuze an. Oft passt es zu mehreren Personen.

	Erika	Stefan	Carla	niemand
1. Ich mag spielen.	☐	☐	☐	☐
2. Ich will immer gewinnen.	☐	☐	☐	☐
3. Ich spiele, weil ich meine Freizeit gerne mit anderen Leuten verbringe.	☐	☐	☐	☐
4. Spiele sind langweilig.	☐	☐	☐	☐
5. Viele Leute spielen nur alleine, zum Beispiel Computerspiele.	☐	☐	☐	☐
6. Beim Spielen kann man viel Wichtiges lernen.	☐	☐	☐	☐

4. Spielgewohnheiten

Du bist jetzt der Reporter/die Reporterin. Frag einen Mitschüler nach seinen Spielgewohnheiten. Notiere die Antworten, damit du nachher der Klasse erzählen kannst, was er/sie gesagt hat.

5. Spielstatistik

Wenn ihr eine Spielstatistik der Klasse für das GROSSE WIR-BUCH erstellt, könnt ihr z. B. feststellen:
- Gibt es Spiele, die in eurer Klasse sehr beliebt sind oder mal beliebt waren?
- Gibt es eventuell verbreitete Spiele, die bei euch ganz unpopulär sind?
- Gibt es Spiele, die nur eine einzige Person in der Klasse begeistern?

B | Computerspiele

6. Dafür oder dagegen?

Ihr hört Meinungen von der Kassette. Entscheidet, welche von den Meinungen für oder gegen die Computerspiele und welche unentschieden sind.

dafür	dagegen	nicht eindeutig
	Carina	

7. Argumente

Jetzt könnt ihr die Meinungen auch lesen.
Notiert stichwortartig die Argumente.

dafür	dagegen
_____	_____
_____	_____

> Ja, ich spiele viel. Na und? Andere spielen eben Brettspiele und sehen dafür auch mehr fern. Das ist auch nicht viel besser, da kann man sagen, was man will.
>
> *Florian, Bozen*

> Ich habe eine Zeit lang immer wieder neue Computerspiele ausprobiert, und ich finde, sie werden nach ungefähr einem Monat alle total langweilig. Und manche mag ich überhaupt nicht. Ich bin eigentlich gegen alle Computerspiele, in denen es um Töten und Schießen geht.
>
> *Carina, Steeg*

> Ich spiele jeden Tag fünf Stunden, an freien Tagen sogar zehn. Das macht echt Spaß, man kann manchmal einfach nicht mehr aufhören. Aber bei Gewaltspielen sollte man nie die Realität vergessen.
>
> *Roman, St. Veit*

> Ich finde es total cool, für einige Stunden den normalen Alltag zu verlassen und in einer Welt von Megabytes etwas Tolles zu erleben und wenn man will, kann man einfach auf RESET drücken und unversehrt in die normale Welt zurückkehren ...
>
> *Nikolaus, HS Stronsdorf*

> Computerspiele haben auf jeden Fall was Gutes. Man lernt durch sie schnell zu reagieren. Das kann sehr wichtig sein, zum Beispiel im Straßenverkehr. Allerdings sind viele Spiele viel zu brutal und das finde ich wiederum nicht so schön.
>
> *Melanie, Ulrichskirchen*

> Ich setze mich ab und zu vor den Computer und vor das Video, aber ich versuche, auch mit anderen Beschäftigungen meine Zeit zu verbringen. Vor dem Bildschirm hocken kann gefährlich sein, man vergisst schnell die Welt um sich herum. Man sollte es also nicht übertreiben. Wenn das Videokastl zum zweiten Kumpel wird, ist das zu viel.
>
> *Johannes, Donnersbach*

> Ich habe an anderen beobachtet, dass sich mit der Zeit eine gewisse Abhängigkeit vom Computer entwickelt. Deshalb sollte man lieber die Finger davon lassen. Es gibt genug andere Dinge im Leben, im wirklichen meine ich, die mindestens genauso spannend sind.
>
> *Günther, Villach*

> Spiele sind nicht so toll für den Computer. Mit Spielen werden nämlich die meisten Viren verbreitet. Das ist mir auch schon mal passiert, und dann hatte ich hinterher nur noch Ärger.
>
> *Michael, Seis/Schlern*

8. Eure Meinung

Ihr habt jetzt verschiedene Argumente gehört und gesammelt. Und was meint ihr zum Thema?

Computer-Fantastereien

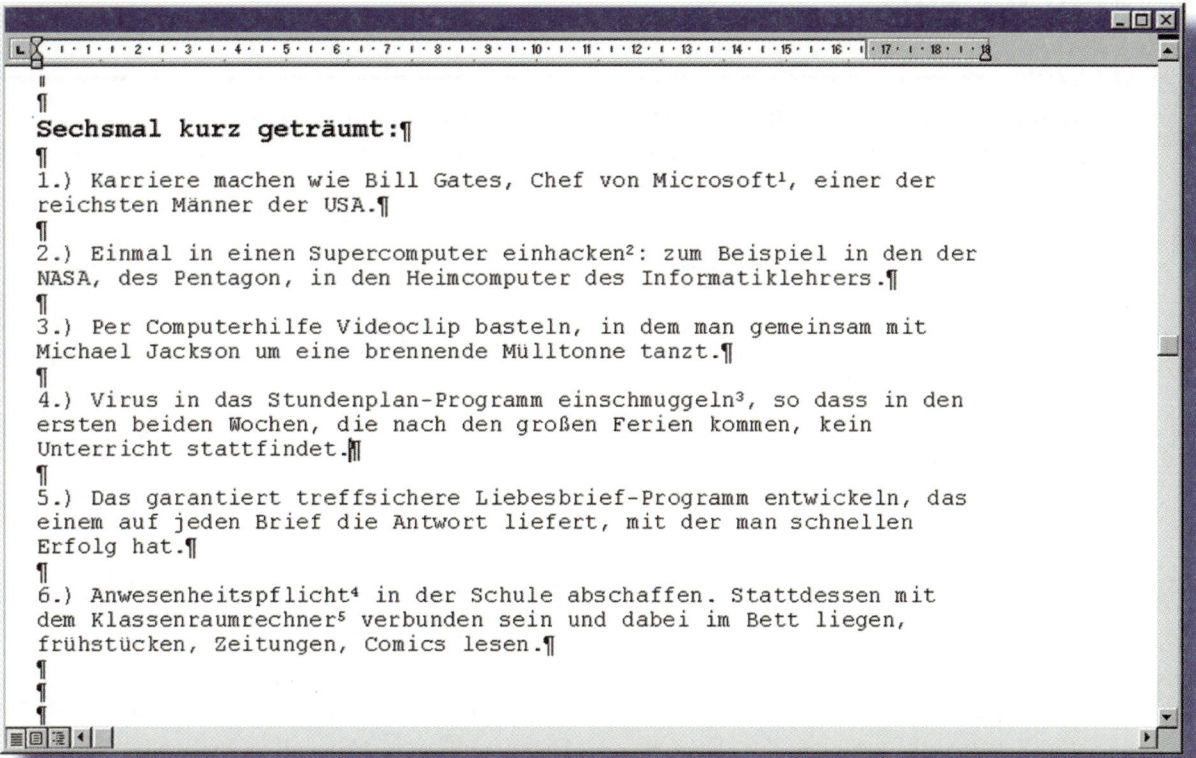

Sechsmal kurz geträumt:

1.) Karriere machen wie Bill Gates, Chef von Microsoft[1], einer der reichsten Männer der USA.

2.) Einmal in einen Supercomputer einhacken[2]: zum Beispiel in den der NASA, des Pentagon, in den Heimcomputer des Informatiklehrers.

3.) Per Computerhilfe Videoclip basteln, in dem man gemeinsam mit Michael Jackson um eine brennende Mülltonne tanzt.

4.) Virus in das Stundenplan-Programm einschmuggeln[3], so dass in den ersten beiden Wochen, die nach den großen Ferien kommen, kein Unterricht stattfindet.

5.) Das garantiert treffsichere Liebesbrief-Programm entwickeln, das einem auf jeden Brief die Antwort liefert, mit der man schnellen Erfolg hat.

6.) Anwesenheitspflicht[4] in der Schule abschaffen. Stattdessen mit dem Klassenraumrechner[5] verbunden sein und dabei im Bett liegen, frühstücken, Zeitungen, Comics lesen.

9. Platz für eure Computer-Fantasterei!

Welche witzigen Ideen, Träume habt ihr mit dem Computer?

10. Der „Computeridiot"

René (20) ist arbeitslos und lebt in der Agglomeration Zürich. Er wird von vielen als „Computeridiot" bezeichnet. Hört das Interview mit ihm. Entscheidet, welche Aussagen falsch und welche richtig sind.

1. Computerspiele sind ein Erlebnis, weil man siegen kann. _____
2. In der digitalen Welt ist alles möglich. _____
3. René findet, Spiele machen aggressiv. _____
4. Er sitzt den ganzen Tag vor dem Monitor und hat deshalb keine Freunde. _____
5. Leute, die sich für Computerspiele nicht interessieren, findet er langweilig. _____

Wie findet ihr seine Argumente?
Vergleicht sie mit den Argumenten
der Jugendlichen in Aufgabe 7.

C | Stell dir vor!

LESETIPP

Hier folgt eine längere Geschichte. Das ist ein literarischer Text, eine Erzählung. Vielleicht wirst du nicht alles sofort verstehen, aber in dem Text sind nicht die einzelnen Wörter wichtig, sondern die Bilder, die du beim Lesen im Kopf hast. Lies bei Stellen, die du nicht verstanden hast, nur ruhig weiter. Später kommt bestimmt etwas, was dich weiterbringt.

BRIGITTE PETER

UFO

Theodor, Susanne und die Maus wohnten im sechsunddreißigsten Stockwerk eines sechsunddreißigstöckigen Hauses. Ihr Zimmer hatte ein großes Fenster, das aussah wie eine Tür. Es war eine Fenstertür. Sie führte auf den Dachgarten. Jeden Tag ging Susanne in den Dachgarten, pflückte Blumen oder pflanzte welche oder goß die Beete. Auch Theodor ging jeden Tag in den Dachgarten. Dort stand sein Arbeitstisch.

Theodor setzte sich an den Tisch und bastelte. Das machte ihm Spaß, und darum gab er sich große Mühe damit. Besonders diesmal. Diesmal bastelte er gerade eine fliegende Untertasse. „Das wird eine feine Sache", sagte er. „Ihr werdet staunen."

„Na ja", sagte Susanne. Sie verstand nichts von fliegenden Untertassen.

Die Maus sagte nichts. Sie saß auf dem Tisch und schaute Theodor zu. Dabei lernte sie alles, was man über fliegende Untertassen lernen kann. Natürlich über selbstgebastelte.

Als die Untertasse fertig war, wurde sie gestartet. Sie flog über die Dächer, zog einen Kreis um den Fernsehturm und kehrte wieder in den Dachgarten zurück.

Susanne staunte. Die Maus staunte nicht. Sie verstand schließlich was davon. Sie nickte nur mit dem Kopf. Erst nach einer Weile fragte sie, ob sie in die Untertasse steigen dürfte. Sie wollte eine Runde fliegen.

Theodor hatte nichts dagegen. Warum denn auch? – In der Untertasse war genügend Platz für eine Maus. Es hätten sogar drei Mäuse darin sitzen können – oder vier, wenn sie nicht sehr dick waren. Und diese Maus hier war nicht dick. Sie stieg also ein, und die Untertasse flog ab. Das heißt: Theodor ließ sie abfliegen. Mit der Fernsteuerung. Es war nämlich eine ferngesteuerte fliegende Untertasse.

„Nun, wie war es?" fragte er die Maus, als sie nach ihrem Rundflug ausgestiegen war.

„Ach", sagte sie. „Das war nichts Rechtes. – Man müßte selbst steuern können."

„Dann muß ich aber alles umbauen", sagte Theodor.

„Ich helfe dir dabei", sagte die Maus.

Die beiden arbeiteten den ganzen Abend und den ganzen nächsten Vormittag. Dann waren sie fertig. Und alles stimmte.

„Hoffentlich", sagte Susanne.

Beim Start dauerte es diesmal etwas länger. Denn als die Maus in die Untertasse kletterte, verwickelte sie sich in die Drähte des Funkgerätes, und Susanne brauchte ziemlich lange, um sie wieder auszuwickeln.

Endlich klappte es. Die Maus schlug die Einstiegsluke zu, steckte sich die Kopfhörer in die Ohren, zog den Starthebel herunter und drückte den Drehknopf, der die Untertasse in ihre kreisende Bewegung versetzte.

Theodor und Susanne standen nebeneinander und schauten ihr nach.

[…]

Theodor und Susanne warteten. Zehn Minuten, eine halbe Stunde, eine Stunde. Kein Ufo war am Himmel zu sehen. Was war passiert?

[…]

… gerade in dem Augenblick, als die Kirchturmuhr sechs schlug, kam etwas durch die Luft geflogen. Gerade auf den Dachgarten zu.

Sie bemerkten die Untertasse erst, als sie schon gelandet war – ganz nahe bei ihnen: genau zwischen zwei Vergißmeinnichtbeeten. Jetzt ging die Luke auf, die Maus kletterte heraus.

„Da bist du endlich!" sagte Theodor. Er bückte sich, streckte die Hand aus und ließ die Maus auf seine Finger springen. Er trug sie ins Zimmer. Die Maus gähnte.

„Bist du müde?" fragte Theodor. „Dann geh schlafen. Du kannst morgen alles erzählen."

Die Maus schlief aber noch immer, als Theodor und Susanne am anderen Morgen zur Schule gingen. Und am Nachmittag – da brauchte ihnen die Maus gar nichts mehr zu erzählen. Da wußten sie schon alles.

Es stand nämlich in der Zeitung:
Geheimnisvolles Ufo!
„Was ist ein Ufo?" fragte Susanne.
„Ein unbekanntes Flugobjekt."
„Und was ist das – ein unbekanntes Flugobjekt?"
„Ein Ding, das durch die Luft fliegt und das keiner kennt. Eine fliegende Untertasse zum Beispiel", sagte Theodor. Dann nahm er die Zeitung, und dort stand:

Geheimnisvolles Ufo!
Notlandung einer fliegenden Untertasse
Auf dem Flughafen unserer Stadt landete gestern nachmittag ein sonderbarer Gegenstand: eine fliegende Untertasse unbekannten Typs. Der Pilot – ein Männchen von auffallend geringer Körpergröße – war wegen Treibstoffmangel zu einer Notlandung gezwungen. Er behauptete zwar, in dieser Stadt zu leben, doch halten Augenzeugen ihn für den Bewohner eines fremden Himmelskörpers mit niedrigen Temperaturen. Er trug nämlich einen Raumanzug aus Pelz. Der Fall wird zur Zeit überprüft.

Theodor, Susanne und die Maus behielten die Zeitung als Andenken, aber sie sprachen nicht mehr von dieser Sache. Die Untertasse lag in einer Schublade. Theodor kümmerte sich nicht darum. Er hatte ganz andere Dinge zu tun. Er baute eine Burg. Aus Papier. Und er hatte sieben Ausschneidebögen, auf denen die einzelnen Teile der Burg aufgezeichnet waren. Susanne half ihm. Die Maus auch.

11. Teile der Geschichte

Sammelt Informationen aus dem Text über die drei Landungen der fliegenden Untertasse:
- a) Landung – ferngesteuert
- b) Landung – wieder ferngesteuert, aber mit der Maus
- c) Landung – nach dem Umbau – die Maus steuert das Ufo

12. Märchen?

Ist diese UFO-Geschichte eigentlich ein Märchen? Welche Elemente sprechen dafür?

13. Interviews

Nach der Sensation stürzen sich die Reporter von Zeitung und Fernsehen auf das Thema und die beteiligten Personen.
Stell dir vor, du bist der Reporter. Mach ein Interview

- mit der Maus, die gerade im Klassenzimmer gelandet ist
  oder
- mit dem Konstrukteur der fliegenden Untertasse.

14. Was kann man basteln?

Theodor bastelt eine Burg aus Papier mit Ausschneidebögen.

Was kann man noch basteln?

ein _____ aus _____ mit _____

einen _____

eine _____

MIT DER SPRACHE SPIELEN

Bild-Sprach-Spiel

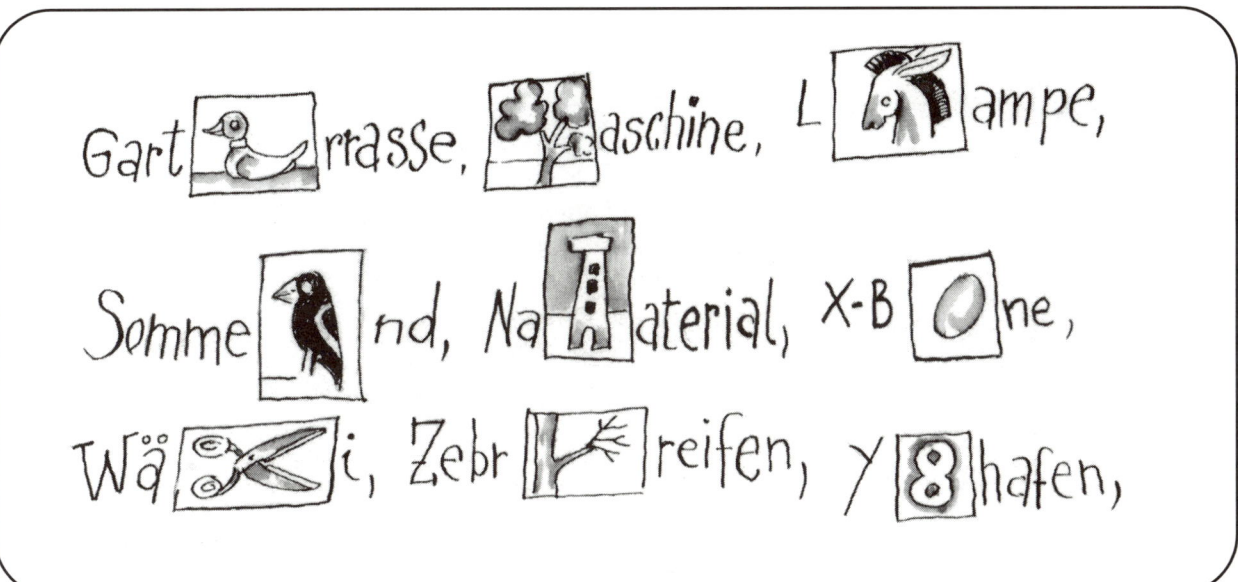

(nach Paul Maar)

Entwicklung

Das folgende Gedicht von Lutz Rathenow ist durcheinander geraten. Kannst du es rekonstruieren? Es beginnt mit „Eine Blume", besteht aus vier längeren Zeilen und reimt sich.

Eine Blume • die Kuh • blüht unermüdlich weiter

verschluckt im Nu diese • süß duftend • eine Kuh

macht den Mund auf • in Gedanken • im Bauch

steht auf der Wiese • und duftet nun auch • die Blume

Kombi-Wörter

Giftzahnarzt	Pechvogelkäfig	Glasbläserkapelle
Kindergartenschere	Irrenhausbesitzer	Mondscheinwerfer
Tränensackgasse	Tennisschlägerei	Fallschirmständer
Fußballade	Montagebuch	Apfelkernreaktor
Polizeitung	Katzenjammerlappen	Löschblattlaus

51

LESETEXTE

**Rätsel
Rätsel, Rätsel, Rätsel
Rätsel**

Erst reißt du's runter
unbeirrt,
glaubst,
dass es niemals alle wird.
Doch schnell
und schneller
spult sich's ab,
wird womöglich peinlich
knapp.
So sitzt du denn
am Ende fest
und blickst durch
deiner Rolle Rest.

Die Vögel haben stets ein Paar,
sich in die Luft zu schwingen;
auch Töne, süß und wunderbar,
können aus ihm erklingen.

Er springt vom Fels ins Tal hinein,
hüpft lustig über Stock und Stein,
läuft querfeldein
und bricht sich doch nie Hals und Bein.

Was scheint hell,
wenn es dunkel ist,
und bleibt meist dunkel,
wenn es hell ist?

Spielen am PC über Grenzen hinweg

Monopoly, eines der beliebtesten Brettspiele aller Zeiten, findet den Weg zu 23 Millionen Internet-Usern: Die CD-ROM ist in Englisch, Französisch und Deutsch erhältlich. Bis zu sechs Spieler aus aller Welt können über das Netz gleichzeitig miteinander spielen – in allen drei Sprachen: So hätte ein Österreicher, der gegen einen US-Boy antritt, die deutsche Version am Bildschirm, während sich die anderen Mitspieler auch für Französisch entscheiden könnten. Selbst die Namen der Straßen ändern sich, obwohl für alle sechs Partner der gleiche Spielplan gilt.
Der Kalifornier Joseph Kucan hat das Cyber-Monopoly entwickelt. Besonders gern gespielt wird der Netzwerk-Hit in den sogenannten „Internet Cafés", wo jeder Gast neben Speisen und Getränken auch einen PC zugewiesen bekommt.

(TOPIC)

LEKTION 6

Wie Schule sein soll

A | Wie Schule ist

Wie Schule sein soll

Wie Schule ist
wissen sie alle

ein Saustall
sagt Oskar Vette
ein Schwitzkasten
sagt Babette
eine Fehlerzählautomatikanlage
sagt Horst
ein Wettkampfstadion für Nieten*
sagt Kunigunde Prost
ein Zoo für Angepaßte
sagt Agathe
ein Aquarium für Mundhalter
sagt Willi Strate

ein Freizeitknüller*
für gewisse Lehrer
sagt Benjamin
sagt Fridolin
sagt Edda Kühn

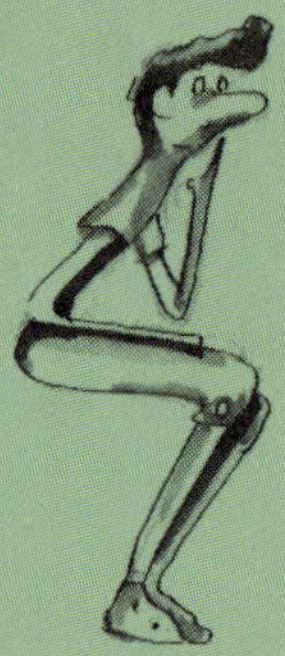

und nicht einer sagt
wie Schule sein soll
weil einer so was
mit einem Wort
einfach nicht sagen kann

Irmela Wendt

*e Niete: Mensch, der zu nichts zu gebrauchen ist, ein Versager
*r Knüller: e Sensation

1. Witzige Wörter

Im Gedicht charakterisieren die Schüler die Schule mit witzigen Wörtern: *ein Wettkampfstadion, eine Fehlerzählautomatikanlage, ...*
Könnt ihr diese Wörter erklären?

*Eine Fehlerzählautomatikanlage ist ein Apparat, mit dem ...
Ein Wettkampfstadion ist ein Ort, ...*

2. Eure Wörter

Versucht selbst ähnliche Wörter zu erfinden. Könnt ihr diese Wörter auch erklären?

LEKTION 6

3. Die ideale Schule

Und wie müsste Schule sein? Was meint ihr?

B | Der Schulschwänzertag

4. Gedanken zum Titel

LESETIPP

Bevor ihr einen längeren Text lest, könnt ihr zum Teil schon erraten, worum es darin geht. Der Titel und die Einleitung helfen viel.

Ihr könnt das für den folgenden Text ausprobieren. Lest zuerst nur den Titel und die Einleitung und überlegt: Was kann wohl ein „Schulschwänzertag" sein? Macht eine Liste: Was würdet ihr an einem Schulschwänzertag machen?

5. Was steht im Text?

Lest jetzt den ersten Abschnitt (Zeile 21): Was haben die polnischen Schüler an diesem Tag gemacht?

DER SCHULSCHWÄNZERTAG

Im Leben eines jeden Schülers geschehen große und kleine, lustige und dramatische Ereignisse. Jeder Schüler hat Erlebnisse, an die er gern zurückdenkt und solche, die er ungeschehen machen[1] möchte. Zu den Ereignissen, die polnische Schüler für immer in positiver Erinnerung behalten[2], gehört der „Schulschwänzertag", der jedes Jahr am 21. März stattfindet.

Vor einigen Jahren kamen die Schüler einer polnischen Schule auf die Idee, den Beginn des Frühlings besonders zu feiern. Sie wussten genau, dass sich der Schulunterricht schlecht zum Feiern eignet, und wollten deshalb an diesem Tag andere interessante Veranstaltungen durchführen. Diese Gedanken und Pläne wurden jedoch von den Lehrern und der Direktion der Schule nicht akzeptiert. Die Schüler wollten aber ihren Vorschlag nicht fallen lassen[3]. Sie trafen sich am ersten Frühlingstag und gingen gemeinsam an einen Fluss, um dort eine Strohpuppe[4], die die Winterhexe symbolisiert, zu ertränken[5]. Viele Schüler verkleideten sich auch.

6. Hypothese und Wirklichkeit

a) Was meint ihr, wie hat man in der Schule reagiert?

b) Lest den Bericht zu Ende. Sammelt die Informationen aus dem Text zu den folgenden Fragen:
Was passierte in Wirklichkeit
- in der Schule?
- in den Medien?
- in den anderen Schulen?
- bei der Schulbehörde?

c) Wie verläuft jetzt der Schulschwänzertag?

Am nächsten Tag gab es in der Schule einen großen Skandal. Die Schüler wurden hart bestraft: keine Wandertage, keine Tanzveranstaltungen usw. Ihr wisst ja selber, welche Möglichkeiten die Lehrer und Direktoren haben, das Leben der Schüler in der Schule schwer zu machen.

Über diesen Vorfall wurde viel gesprochen, und er gelangte sogar in die Presse und ins Fernsehen. Das Ziel war, die Schüler abzuschrecken, das Ergebnis war allerdings ein ganz entgegengesetztes[6]. Im folgenden Jahr nahmen nämlich fast alle Schüler Polens die Idee des „Schulschwänzertages" auf. Auf den Straßen traf man am 21. März verkleidete Jugendliche, die sangen und tanzten, ihre Lebensfreude demonstrierten und die schönste Jahreszeit begrüßen wollten.

Die Schulbehörde Polens musste akzeptieren, dass die Schuljugend Polens am 21. März am Schulunterricht nicht teilnehmen will. Nachträglich wurde deshalb dieser Tag noch in diesem Jahr erstmals vom Schulministerium offiziell als „Fest der Jugend" anerkannt, und alle Direktoren wurden amtlich angewiesen[7], den Jugendlichen bei der Organisation dieses Tages zu helfen. Die Bezeichnung „Schulschwänzertag" ist also nur noch symbolisch zu verstehen, da dieser Tag jetzt schon ein unterrichtsfreier Tag ist.

* * *

Unter den Schülern aller Schulen findet jetzt immer ein Wettbewerb statt, wer diesen Tag am einfallsreichsten[9] und am lustigsten gestaltet, und für alle – Lehrer und Schüler – gehört der „Schulschwänzertag" jetzt zu den Erlebnissen eines jeden Schuljahres, an die man gern zurückdenkt.

Wir sind neugierig, wie euch dieser Vorschlag gefällt.

---

7. Schülermeinungen

Hanna und Karin aus Nürnberg sagen ihre Meinung zu diesem Bericht.

a) Hör dir zuerst beide Meinungen an. Gefällt den Mädchen die Idee?

b) Hör jetzt die Meinungen noch einmal. Notiere, wie die Mädchen argumentieren.

Hanna: – alle haben mitgemacht
 – _____
 – _____

Karin: – _____
 – _____

8. Eine Lehrermeinung

Eine Lehrerin äußert sich auch über den Schulschwänzertag.
  a) Hör dir ihre Meinung an. Gefällt auch der Lehrerin die Idee?
  b) Hör sie noch einmal. Wie sind ihre Argumente?

Renate Eckstein: – *die Schüler zeigen viel Kreativität*
– _____
– _____

9. Schulschwänzertag bei euch

Wie gefällt euch dieser Vorschlag? Wäre das in eurer Schule vorstellbar? Was würdet ihr an einem solchen Tag gern machen?

10. Feste an eurer Schule

Welche Feste gibt es an eurer Schule?
- Sind es eher „Schulfeste" oder gibt es auch „Schülerfeste"?
- Was tun die Schüler? Welche Aufgaben haben sie?
- Müssen sie auch für etwas die Verantwortung übernehmen?

11. Regeln für Feste

Gibt es für diese Feste auch Regeln (Regelungen), die man befolgen muss?

C | Schulordnung

12. Textmerkmale
Was ist eine Schulordnung? Wer schreibt das, an wen, warum?

13. Eine ungewöhnliche Schulordnung
Lest die folgende Schulordnung. Wer hat das geschrieben, an wen, warum?

Schulordnung für Lehrer

1. Jeder Lehrer hat ordentlich und reinlich gekleidet zum Unterricht zu erscheinen.

2. Den Lehrern ist das Rauchen untersagt.

3. Das Raufen[1], Rennen und Lärmen in den Gängen, den Klassenräumen und auf den Treppen wie auch das Rutschen auf den Treppengeländern[2] ist allen Lehrern strengstens verboten.

4. Während des Unterrichts darf kein Lehrer sein Pult verlassen. Lehrer, die während der Schulstunden herumalbern[3], mutwillig den Unterricht stören, heimlich essen oder Kaugummi kauen, werden vom Unterricht ausgeschlossen und mit Nachsitzen[4] bestraft.

14. Sprachmittel für Vorschriften und Verbote
Unterstreicht die Strukturen im Text, die für offizielle Vorschriften oder Verbote typisch sind.

15. Eure Fortsetzung
Sammelt weitere Ideen zu dieser Schulordnung und ergänzt sie.

5. _____
6. _____
7. _____

LESETEXTE

Die folgenden Texte stammen aus der Schülerzeitung der Augustiner-Realschule in Hillesheim. Es ist eine Serie, bei der in jeder Ausgabe andere Wörter von Schülern definiert werden.

DAS GROSSE SCHÜLERLEXIKON

BLAUER BRIEF
Verharmlosende[1] Umschreibung für einen meist grauen oder grünen Brief, durch den die Eltern auf die nicht ausreichenden Leistungen ihres Sprösslings[2] hingewiesen werden. „Blau" ist die Symbolfarbe für die Heiterkeit des Himmels (vgl. Brockhaus Enzyklopädie). In der Tat kommt der blaue Brief für die meisten Eltern stets wie ein Blitz aus heiterem Himmel.

ELTERNSPRECHTAG
Zweimal jährlich stattfindende Mütterberatung, bei der die Mütter alles das versprechen, was die Schüler garantiert nicht halten werden. Die Tage kurz vor dem Elternsprechtag sind in der Regel geprägt durch geradezu abnorme Aktivität seitens der schwächeren Schüler. Dieses auffällige Syndrom klingt meist nach dem Elternsprechtag rasch wieder ab.

GRUPPENARBEIT
Deutsches Wort für „Tohuwabohu[3]". Ziel der Gruppenarbeit ist es, einen Lernstoff zusammen mit anderen Klassenkameraden selbständig zu „erarbeiten". In der Praxis vollzieht sich Gruppenarbeit in drei Phasen:
1. Umstellen des Mobiliars[4] entsprechend den gruppenspezifischen Erfordernissen[5];
2. Ausgucken eines aktiven Mitgliedes (derjenige, der die Arbeit macht und vorträgt);
3. Geselliges Treiben[6] der passiven Mitglieder der Gruppe.

HAUSAUFGABE
Schriftliche oder mündliche Arbeitsaufträge, die zu Hause ausgeführt werden sollen. Sie können reine Beschäftigungstherapie sein, können der Einbindung der Familie des Schülers in das schulische Leben dienen (=ältere Geschwister oder Eltern brüten[7] darüber), und sie können zur Herstellung sozialer Kontakte zu den Mitschülern dienen („Lass mich mal abschreiben!").

KLASSE
Mehr oder weniger zusammengewürfelter Haufen[8] von Schülern, die man in einem Raum zusammenpfercht[9] und denen man einredet, eine Gemeinschaft zu sein.

KLASSENBUCH
Chronik einer Klasse, in der die Lehrer neben den Versäumnissen[10] und anderen wichtigen Dingen eintragen, was sie eigentlich durchnehmen wollten.

PARTNERARBEIT
Arbeitsform, bei der immer zwei Schüler eine Aufgabe in einer vorgegebenen Zeitspanne erledigen sollen. Diese erweist sich aber in der Regel als zu kurz, weil die Diskussion darüber, wer von beiden die Aufgabe lösen soll, zu viel Zeit in Anspruch nimmt.

PAUSE
Längere oder kürzere Unterbrechungen des Unterrichts. Offiziell dienen Pausen der Erholung, der gestresste Normalschüler kommt allerdings nur selten zu derselben, da er die Pause damit verbringt, in ungesunder Körperhaltung und der räumlichen Enge einer Toilettenzelle eine Zigarette zu rauchen, während er von einem guten Freund die Hausaufgabe abschreibt.

GROSSE PAUSE
In ihr findet das große Kräftesammeln beider Parteien für eine endgültige Auseinandersetzung[11] statt.

SPICKZETTEL
Ein ungeheures Schülerverbrechen[12], das den Lehrer menschlich tief enttäuscht[13].

ZEUGNIS
Verwandlung des Schülermenschen in Zahlen.

SCHÜLER STELLEN EINE ORDNUNG FÜR IHRE SCHULE AUF

Morgens fängt der Unterricht viel zu früh an, er müsste um 9 Uhr beginnen. Der einzelne Schüler darf selbst einen Stundenplan aufstellen, der seinen Wünschen entspricht. Auf unserer Schule ist in den Kellern sehr viel Platz. Man müsste einige Freizeiträume herstellen und einen Verkaufsstand mit Süßigkeiten und Getränken herrichten.

Jürgen

Hausaufgaben müssten ganz abgeschafft werden. Auch müssten wir samstags frei haben. Die „blauen Briefchen" finde ich blöd. Wenn ein Kind schlecht in der Schule ist, soll es der Lehrer selbst sagen.

Kai

Manche Lehrer geben zu viele Aufgaben auf, wie zum Beispiel unser Mathematiklehrer. Musik müsste eigentlich ganz abgeschafft werden. Die große Pause müsste eine halbe Stunde dauern, und die kleinen 10 Minuten. Vor allen Dingen dürften manche Lehrer nicht so streng sein.

Heike

Man sollte an einem Tag keine sechs Stunden haben, sondern höchstens fünf oder vier. Auf dem Schulhof sollte man auch einen extra Platz für die Jungen herstellen, die Fußball spielen wollen.

Andreas

Sehr geehrte Schulleitung!

Ich möchte Ihnen einige Vorschläge machen und Fragen stellen.
1. Die Schüler müssten selbst bestimmen, wann die Arbeiten geschrieben werden.
2. Warum werden die Arbeiten immer so dicht aufeinander geschrieben?
3. Warum geben die Lehrer an einem Tag wenig und am anderen Tag so viel auf, dass einem die Finger weh tun?
4. Die Lehrer(innen) sind oft viel zu ungeduldig, wenn man etwas nicht versteht.
5. Man sollte an die Reihe kommen, wenn man sich meldet, nicht unfreiwillig.
Hoffentlich werden Sie die Vorschläge akzeptieren!

Uwe

LEKTION 7

Bücher sind wie große Ferien

A | Bücher

1. Die Geschichte des Buches

- Weißt du, wer die ersten Bücher geschrieben hat?
- Hat man damals schon auf Papier geschrieben?
- Warum waren Bücher so teuer?
- Wann hat man den Buchdruck erfunden?
- Warum war das Erfinden des Buchdruckes so wichtig?

Lies den folgenden Text und beantworte die Fragen.

Bücher

Über nahezu alle Ideen und Entdeckungen der verschiedenen Epochen kann man in Büchern lesen. Das Buch, eine der bedeutendsten Erfindungen der Menschheit, bietet viele Möglichkeiten. Es gibt daher viele Arten von Büchern: von erzählender Literatur, wie z.B. Märchenbüchern, bis hin zur Sachliteratur, also informativen Büchern, wie z.B. Gartenbüchern oder Heimwerkerbüchern.

Die ersten Bücher schufen die Ägypter vor 4500 Jahren. Sie schrieben auf Papyrusrollen, einem aus Schilf hergestellten Papier. Die Bücher, so wie wir sie heute kennen, erfanden die Römer. Dabei verwendeten sie besonders behandelte Tierhäute, Pergament genannt, für die Buchseiten. Über Hunderte von Jahren wurden alle Bücher von Hand geschrieben. Deshalb waren sie selten und kostbar. In Europa wurden im Laufe des 15. Jahrhunderts die heutigen Grundlagen des Buchdrucks entwickelt. Dadurch konnte man mehr als ein Buch auf einmal herstellen. Weil damit die Bücher billiger wurden, fanden sie mehr Leser, und das Wissen verbreitete sich.

(Das große Ravensburger Lexikon)

2. Was für Bücher gibt es?

Ergänze die Tabelle anhand des Textes und mit eigenen Beispielen.

erzählende Literatur	Sachbücher
	Gartenbücher

3. Bücher für Kinder und Jugendliche

a) Versucht festzustellen, zu welcher Gruppe die abgebildeten Bücher gehören. Begründet eure Meinung.
b) Welche dieser Bücher würden dich interessieren?
c) Was für Bücher habt ihr zu Hause? Welche liest du davon am liebsten?

B | Bücherei

4. Das Bücherschloss

Sieh dir die Zeichnung genau an, lies den Text und fülle dann die Tabelle aus.

Teile des Schlosses	frühere Funktion	heutige Funktion
1, 2, 3, 4,	Türme und Herrenhaus (Wohnort der Adeligen)	
5		
…		

> **LESETIPP**
>
> *Ein Bild kann beim Verstehen eines Textes viel helfen. Vergleiche die Zeichnung mit den Informationen des Textes.*

Das Bücherschloss

Der bekannte Bilderbuchkünstler Ali Mitgutsch hat das *Bücherschloss* für Kinder gezeichnet, damit sie Lust bekommen, die Internationale Jugendbibliothek im Schloss Blutenburg bald einmal zu besuchen.

Auf einen Blick seht ihr, dass es sich um eine rundherum von Mauern und Gebäuden umschlossene Anlage handelt. Sie stammt aus dem 15. Jahrhundert, ist also über 500 Jahre alt. Einige Mauerreste sind sogar noch viel älter.

Vier fast gleich aussehende *Türme,* darunter der *Pulverturm* (3) und der *Kapellenturm* (4), umgeben das *Herrenhaus,* ein großes dreistöckiges Gebäude. Dort wohnten früher die adeligen Herrschaften, heute sind Anmeldung, Verwaltung und einige Arbeitsräume darin untergebracht.

Sogar ein *Wehrgang* (5) mit Armbrustschießscharten[1] ist noch erhalten. Er wurde jetzt zu einem Ausstellungsraum für Bilderbuchkunst ausgebaut.

Daneben befindet sich der ehemalige *Prinzenstall* (6). Im Erdgeschoss werden die ankommenden Bücher ausgepackt und für das Einsortieren in die Sammlung vorbereitet. Der erste Stock beherbergt den *Studiensaal,* einen großen Leseraum für Erwachsene, die sich über Kinder- und Jugendliteratur informieren wollen.

Auf der Zeichnung schwer zu erkennen ist die schöne spätgotische *Kirche* (7) mit ihrem steilen Satteldach[2] und dem schlanken Dachreiter mit bayerischer Zwiebelhaube. Beim Eintreten fallen sofort das gotische Gewölbe[3], der goldglänzende Flügelaltar und die freistehenden Holzfiguren auf. Ihr versteht sofort, dass diese kleine Kirche eine der beliebtesten Hochzeitskapellen Münchens ist.

Das große Gebäude im unteren Bildteil war früher *Wirtschaftsgebäude* (8). Heute beherbergt es im Erdgeschoss die *Kinderbuchausleihe* mit rund 15.000 Büchern für Kinder in zehn verschiedenen Sprachen. Darüber liegt der *Jella-Lepmann-Saal,* benannt nach der Gründerin der Internationalen Jugendbibliothek. Unter dem mächtigen Dach sind auch der sogenannte *Kleine Saal* und das *Malstudio* zu finden. Der niedrige Bau links daneben wurde früher als Schweinestall genutzt – heute ist dort die *Schlossschänke* untergebracht.

Beinahe das Wichtigste konntet ihr noch nicht entdecken: den riesigen *Bücherkeller.* Unter dem Innenhof wurde für die Bibliothek ein Tiefgeschoss gebaut, das dem größten Teil der insgesamt 460.000 Kinder- und Jugendbücher Platz bietet.

Einst von dem Wittelsbacher Herzog Albrecht III. als Jagdschloss errichtet, diente die Anlage seinem Sohn Herzog Sigismund als Ruhesitz, später wieder als Jagdschloss und auch immer wieder als Wohngebäude. Im 19. Jahrhundert gelangte sie in Staatsbesitz.

Mit dem Einzug der *Internationalen Jugendbibliothek* im Jahre 1983 ist aus der mittelalterlichen Wohnburg ein *Bücherschloss* geworden, wie es sonst keines gibt.

Täglich bevölkern zahlreiche Kinder und Erwachsene das Schloss. Sie besuchen Veranstaltungen im *Jella-Lepman-Saal* und der *Walter-Trier-Galerie,* lassen sich das *Erich-Kästner-Zimmer* im *Torbau* (9), dem Eingang zum Schlosshof zeigen. Den Namen Erich Kästner, Autor von „Emil und die Detektive" habt ihr schon gehört, aber Walter Trier? Er hat fast alle Kästner-Bücher illustriert. Viele Kinder besuchen auch die *Kinderbuchausleihe,* um Bücher auszuleihen und zu Hause zu lesen. Nachmittags gibt es oft Vorlesestunden, Kinoprogramme und vieles mehr.

An den Vormittagen kommen häufig Schulklassen. Sie probieren die unendlich vielen Möglichkeiten aus, sich mit Büchern zu beschäftigen. Bilder anschauen, lesen, vorlesen, diskutieren, selber „dichten", Bilder malen, drucken, Schatten- oder Puppentheater spielen, Figuren basteln und vieles mehr.

Ali Mitgutsch zeigt auf seinem Bild vom *Bücherschloss,* wie es zugehen könnte, wenn ihr kommt. Ob allerdings Ritter und Hofnarr gerade da sind, kann niemand versprechen.

5. Möglichkeiten

Was alles kann man in dem Bücherschloss machen? Suche die Informationen im Text.

6. Eigene Erfahrungen

In welcher Bibliothek bist du Mitglied? Wie ist diese Bibliothek?

7. Deutsch lesen

Welche Möglichkeiten hat man an deinem Wohnort, deutsche Bücher, Zeitungen, Zeitschriften zu lesen? Informiere dich und berichte darüber in der Klasse.

8. Eine Karteikarte

In der Bibliothek wird über jedes Buch eine Karteikarte angelegt. Sie enthält die wichtigsten Angaben.

Ordne diese Begriffe zu.

- r Autor
- r Titel
- r Verlag
- s Erscheinungsjahr
- r Inhalt
- e Empfehlung
- e Beurteilung
- e Seitenzahl

```
J4 RECH  Recheis, Käthe

Der weiße Wolf
Verlag Herder & Co., Wien 1989
351 S.

War es die Stimme des geheimnisvollen weißen Wolfes, die
Thomas aus seinem Dorf fortlockte und in eine andere
Wirklichkeit rief?
Dem „Jungen aus der Welt jenseits" gelingt es zusammen mit
dem Mädchen Onari, die zu den Dunklen Leuten gehört, und
mit Eldar, einem desertierten „Sohn Gonds" das Verbotene
Land vom Bann des Schwarzen Königs zu befreien und die
Diktatur des Großen Gond über das Land Aran zu brechen …

Der bekannten Jugendbuch-Autorin Käthe Recheis ist mit
diesem fantastischen Roman eines der stärksten Bücher der
letzten Jahre gelungen. Junge Menschen ab 12 Jahren, aber
auch Erwachsene werden dieses Buch mit gleicher Anteilnahme
und Spannung lesen.
```

9. Eine Karteikarte anfertigen

Stellt euch vor, eure Klasse errichtet eine eigene Klassenbibliothek.
Wähle eines deiner Bücher aus, das du den anderen gern ausleihen würdest, und fertige dazu eine Karte an. Mit Hilfe dieser Karte kannst du dann in der Klasse das Buch auch vorstellen.

DAS GROSSE WIR-BUCH

Die Karteikarten der vorgestellten Bücher könnt ihr in das GROSSE WIR-BUCH einkleben!

C | Die Glotze

10. Vor- und Nachteile des Fernsehens

Viele greifen in ihrer Freizeit nicht nach einem Buch, sondern schalten den Fernseher ein. Macht euch Gedanken über die Vor- und Nachteile des Fernsehens und notiert sie stichwortartig.

Vorteile	Nachteile
_____	_____
_____	_____

11. Meinungen über „die Glotze"

Hört die Meinungen und ergänzt die zwei Spalten mit der Meinung von Wiebke (20), Mussar (19), Marion (17) und Alexandra (17).

	Vorteile	Nachteile
Wiebke	_____	_____
Mussar	_____	_____
Marion	_____	_____
Alexandra	_____	_____

12. Andere Freizeitaktivitäten

Lest den folgenden Text und unterstreicht alle im Text genannten Freizeitaktivitäten. Tragt diese dann in das Freizeit-Abc in Aufgabe 15 ein!

FERNSEHFREIE TAGE
IN WALDAU

An einem Freitag versammelten sich im Jugendzentrum Waldau ca. 30 „Leistungs-Glotzer" zu einem Fernseh-Marathon, einer langen Filmnacht. Das Ziel der Aktion war eigentlich, alle ein wenig über unsere Abhängigkeit vom Pantoffelkino nachdenklich zu machen.

Die verschiedenen Stadien der Erschöpfung wurden mit einer Kamera dokumentiert, von Zeit zu Zeit schaute auch ein Arzt herein. Das Ergebnis des Marathons zeigte sich in den frühen Morgenstunden, als keiner mehr in der Lage war, Handlung oder Inhalt des gerade gesehenen Filmes wiederzugeben.

Versäumen wir in den endlosen Stunden nicht gerade das, was draußen passiert: ein fetziger Abend in der Disco, eine Runde Billard oder auch ernste Gespräche mit guten Freunden und Freundinnen, sich richtig austoben mit Fuß-, Hand- oder sonstigen Bällen, ein ganz „altmodisches" Picknick im Grünen oder Joggen, Skaten, Radfahren? Oder, wer lieber die Fantasie auf Reisen schicken will, warum nicht mal mit einem Buch und guter Musik?

Was da so möglich ist, wollte eine Arbeitsgruppe im Jugendzentrum mit der Initiative „Fernsehfreie Tage" zeigen.

Das ging vom Krafttraining zur Keramik, von Badminton zum Billard; von A wie Aquarelle bis Z wie Zierfische war auch für den verwöhnten Geschmack gesorgt. Mancher entdeckte plötzlich die Stadtteilbibliothek oder bei einer Foto-Expedition das nächtliche Waldau.

Das war der Start zu einer abwechslungsreichen Woche, in der die TeilnehmerInnen viele Punkte für ihre Freizeitaktivitäten sammelten. Alle, die die Woche ohne Bildschirm durchgehalten hatten, erhielten einen Preis, und die Idee hatte eine Fortsetzung.

Die zweiten fernsehfreien Tage begannen mit einer „Lese- und Spielnacht". Diesmal kamen 50 SchülerInnen aus 11 verschiedenen Klassen, um von 19.00 Uhr bis zum Frühstück am nächsten Morgen die Nacht in der Stadtteilbibliothek zu verbringen.

13. Wer sagt das?

Trotz alledem war es für einige Schüler hart, auf die gewohnte Droge im Wohnzimmer zu verzichten. Hört euch an, was sie über ihre Erfahrungen sagen und ordnet die Sätze den drei Personen zu.

A	B	C

1. Seine Eltern haben ihm nie verboten fernzusehen.
2. Nach dem Fernsehen ist man noch erschöpfter.
3. Sie konnte kaum erwarten, dass die fernsehfreien Tage zu Ende sind.
4. Sie will lernen, ihre Freizeit ohne Fernsehen zu verbringen.
5. Man setzt sich aus Gewöhnung jeden Abend vor den Fernseher.
6. Das Leben ohne Fernsehen fand sie schöner.

14. Wortfeld Fernsehen

Welche Bezeichnungen kamen für das Fernsehen/den Fernseher bisher vor?
Sammelt weitere Ausdrücke zu diesem Thema.

15. Abc der Freizeitaktivitäten

Sucht zu jedem Buchstaben im Abc Freizeitaktivitäten!

A – *Aquarelle malen*
B – *Badminton, Billard spielen*
...
...
F – *Fotografieren*
...
...
...
K – *Krafttraining*
...
...
...
Z – *Zierfische züchten*

LESETEXTE

ZEITUNG MIT BEWEGTEN BILDERN
BILDSCHIRM-NEWS AUF FINGERDRUCK

Bald könnte die Morgenzeitung folgendermaßen aussehen: Am Computer-Bildschirm wählt der Leser die Rubrik „Sport", studiert die Fußballergebnisse, sieht sich anstatt eines Fotos die entscheidenden Spielszenen als Video-Einspielung an und lauscht schließlich noch den Kommentaren von Trainer und Torschützen, die nach Spielende abgegeben werden.

Eine solche Zeitung haben Forscher des Elektronikkonzerns Siemens jetzt in München vorgestellt.

Die Bildschirmzeitung lässt sich ebenso einfach bedienen wie ein Exemplar aus Papier und Druckerschwärze – darauf haben die Siemens-Techniker besonderen Wert gelegt: Es genügt, mit dem Finger die gewünschte Rubrik auf dem Bildschirm zu berühren, und schon wird die gewünschte Seite aufgeschlagen!

(TOPIC)

WILDER WESTEN AUS DEM OSTEN

Winnetou und Old Shatterhand heißen die wohl bekanntesten Helden des Wilden Westens. Doch ihr Schöpfer, Karl May (1848-1912), kam nicht aus Amerika, sondern aus Sachsen. Seine Fantasie reichte aus, um viele spannende Bücher zu füllen. Die Abenteuer Mays sind in 28 Sprachen übersetzt. Über 80 Millionen Exemplare seiner Bücher gibt es allein auf Deutsch. Damit ist Karl May wohl der meistgelesene deutsche Autor. Viele Geschichten gibt es auch über May selbst. So beschloss er zum Beispiel im Gefängnis, Schriftsteller zu werden. Wer mehr über ihn erfahren will, muss nach Radebeul bei Dresden fahren. Dort steht das Karl-May-Museum mit vielen interessanten Ausstellungsstücken über die Indianer Nordamerikas. Die hat übrigens ein May-Fan gestiftet. Der große Dichter ist nur einmal kurz in Amerika gewesen!

(JUMA)

LEKTION 8

Halb Ware, halb Müll

A | Öko-Experiment

Wenn ihr in ein Schnellrestaurant geht und einen Hamburger mit Pommes holt, ist euch schon aufgefallen ...

...WAS IHR ALLES DAZUKRIEGT?

Nein, nicht die Gurkenscheiben, die Salatblätter oder die Soße. Ich meine die Deckel-Becher und Schalen und Hartschaum-Deckel-Dosen und Kunststoffgabeln und Kunststofflöffel, also das ganze Zeug, das nach dem Essen in den Eimer wandert. Das wollen wir uns mal genauer ansehen.

Was ihr dazu braucht:
– Freunde
– etwas Geld zum Essenkaufen
– eine Liste aller Schnellrestaurants in der Nähe

Was ihr tun müsst:

1. Für dieses Experiment braucht ihr das Essen aus verschiedenen Schnellrestaurants. Also kauft jeder aus eurer Forschungsgruppe das Essen in einem anderen Laden. Aber ihr müsst alle das Gleiche kaufen, nur dann könnt ihr Hamburger mit Hamburgern vergleichen, Pommes mit Pommes und Süßspeise mit Süßspeise.

2. Also, jetzt geht es los. Nacheinander alles einkaufen und getrennt verpacken. Aber wirklich alles mitnehmen, Becher, Servietten, Salztütchen, Kunststoffgabeln und Kunststofflöffel, Hartschaum-Kartons für Hamburger und Pommestüten und so weiter.

3. Zu Hause packt ihr das Essen auf verschiedene Teller und schüttet die Getränke in Gläser um. Und den Abfall stellt ihr immer zu dem jeweiligen Teller. Essen und Abfall von jedem Schnellrestaurant schön für sich. Das ist ganz wichtig.

4. Jetzt habt ihr den großen Überblick. Ihr seht sofort, wer euch, zusammen mit dem Essen, den meisten Abfall verkauft hat.

1. Aus Schnellrestaurants

Welches Wort passt zu welchem Bild?

Deckel-Becher • Schalen • Deckel-Dose • Kunststoffgabeln
Servietten • Salztütchen

2. Eure Meinung zum Projekt

Wie findet ihr diese Projektidee? Würdet ihr das Experiment gerne machen?
Wenn ihr das Experiment durchgeführt habt, berichtet, wie es verlaufen ist.

3. Diskussionsspiel

Sollen wir nicht mehr ins Schnellrestaurant gehen? Aber wenn es schmeckt? Sollen wir dorthin gehen, wo wir den wenigsten Müll mitkaufen müssen? Aber wenn dort das Essen nicht so gut schmeckt?

Macht ein Diskussionsspiel:
 a) Sammelt zuerst Argumente pro und contra und notiert sie alle an der Tafel.
 b) Bildet kleinere Gruppen und bereitet gemeinsam eine kleine Rede für oder gegen die Schnellrestaurants vor. Wählt dann einen guten Redner, der eure Rede vortragen wird.
 c) Die Redner halten ihre Rede (max. 3 Min.). Anschließend kann die ganze Klasse abstimmen, welche Gruppe am besten argumentiert hat und welche Rede die beste war.

> **TIPP**
>
> *Eine Rede ist kein Monolog. Der Redner will sein Publikum überzeugen. Überlegt also immer: Wer ist das Publikum?*

B | Was werfen wir weg?

4. Beobachtungen

a) Nimm ein Stück Papier und mache eine möglichst ausführliche Liste darüber, was du gestern den ganzen Tag weggeworfen hast.
b) Macht jetzt zusammen eine Liste.
Was habt ihr gestern an Müll „produziert"?

5. Verpackungsmüll

Kennt ihr dieses Wort? Was kann das wohl heißen?

6. Abfall in der Schule

- Was landet in eurem Klassenzimmer im Papierkorb?
- Könnte man die Abfallmenge reduzieren?
- Wer kümmert sich bei euch um Ordnung und Sauberkeit?

SCHÜLER DER MITTELSCHULE LAUSSIG BERICHTEN ÜBER IHR

Der Biologielehrer hatte seinen Schülern im Unterricht folgendes mitgeteilt: „Würde man den Verpackungsmüll, den wir Deutsche pro Jahr produzieren, in Güterwagons verladen[1], hätte der Zug die fantastische Länge von 2.000 km. Die Lokomotive stände im spanischen Barcelona und das Schlusslicht[2] des letzten Wagens in Berlin." Das gab uns sehr zu denken.

Wir setzten uns zum Ziel, innerhalb einer Woche den gesamten Müll vor den Augen aller, und zwar direkt im Schulfoyer, zu sammeln. In dieser einen Woche wurden alle Papierkörbe aus den Klassenzimmern geräumt. Dabei zeigten unsere Schüler großes Interesse.

Da kam mancher Lehrer und Schüler aus dem Staunen nicht mehr heraus, als er sich den ständig wachsenden Müllberg im Schulgebäude anschaute.

Dass Verpackung sein muss, ist uns allen klar. Fragt man sich nur, wie? Immerhin machen Verpackungen dem Gewicht nach 35%, dem Volumen nach 50% unseres Hausmülls aus. Und der Anteil von Getränkeverpackungen liegt bei etwa 6 Gewichtsprozent oder 1,2 Millionen Tonnen pro Jahr.

Nach dieser Müllaktion an unserer Schule gab es für uns nur eine Schlussfolgerung: Knockout für den Müllberg. Wie verhalten wir uns nun, um das annähernd zu erreichen?

7. Ideen sammeln

Was glaubt ihr, wie geht dieser Artikel weiter, was für Ideen hatten die Schüler? Sammelt Vorschläge in Gruppen und vergleicht eure Ergebnisse.
Lest dann das Ende des Artikels.

Wir trennen den Müll, Papier, Dosen und organische Abfälle, die wieder verwertbaren Abfälle in gelben Müllsäcken. Die Schüler sollten Mehrwegflaschen bevorzugen. Frühstücksbrote sollten sie in Brotbüchsen statt umweltschädlicher Alu-Folie in die Schule mitnehmen.

Eine Klasse hat eine Schautafel zum Müllproblem und dessen Auswirkungen auf die Umwelt zusammengestellt, andere haben Zeichnungen und Bildmontagen erstellt. Die Schule hat einen Brief an die Eltern geschrieben, damit sich viele Eltern an der Müllaktion beteiligen.

8. Eure Meinung über das Müllprojekt

Was denkst du über die Ideen der Schüler? Ist das immer möglich? Welche Verpackung ist notwendig und auf welche könnte man verzichten?

9. Text zum Bild

— **SCHREIB'S AUF!** —

Seht euch dieses Bild an und schreibt dazu einen Text von ca. einer Seite.
Arbeitet in folgenden Schritten:
  a) Sammelt Begriffe, die zum Thema passen, und schreibt sie neben das Bild.
  b) Dann sollt ihr zu diesen Wörtern weitere Begriffe finden, die inhaltlich dazu passen. Schreibt die auch neben das Bild.
  c) Ihr müsst nur noch eure Gedanken inhaltlich ordnen, und dann könnt ihr mit dem Schreiben anfangen.
  d) Zum Schluss braucht ihr noch eine passende Überschrift.

C | Verpackung ist auch eine Kunst

10. Ein Kunstwerk

a) Kennt ihr den Künstler Christo? Was wisst ihr über ihn? Sammelt Informationen über ihn und seine Kunst.
b) Lest den Artikel über eine seiner berühmtesten Aktionen im Jahre 1995. Wie kam es dazu? Wie reagierten die Berliner?

Der Berliner Reichstag als Kunstwerk auf Zeit

Christo verhüllt ein Symbol, um es zu enthüllen

Mehr als zwanzig Jahre dauerte die Wartezeit. Doch seit Februar 1994 ist beschlossen, worauf der Künstler Christo so lange hoffte. Sein Lebensprojekt, die Verhüllung des Berliner Reichstags, darf er nun vollenden – zwischen dem 23. Juni und dem 6. Juli. „Durch Verhüllen fallen Details weg", sagt er, „und das Wesentliche der Struktur wird sichtbar."

Es war der Verpackungskünstler, der mit seiner Hartnäckigkeit[1] das Gebäude ins Blickfeld gerückt[2] hat. Zuvor schlief es einen Dornröschenschlaf im Schatten der Mauer. Eine Postkarte aus Berlin hatte Christo 1971 auf die Idee gebracht. Seither beschäftigte ihn der Reichstag. Er zeichnete Entwürfe, gestaltete Modelle, hielt Vorträge.

Warum der Reichstag? Christo verweist auf seine Biographie, wenn er so gefragt wird. Aus dem Ostblock 1957 geflohen, in der westlichen Welt nie so recht zu Hause gewesen, fand er in ihm einen Ort, wo der politische Konflikt, an dem er selber litt, auf dramatische Weise anschaulich wurde.

Im Bundestag fand sich eine deutliche Mehrheit für das Projekt. Fünf Bundestagspräsidenten hatte Christo zu überzeugen versucht, die Abgeordneten immer wieder in Einzelgesprächen mit seinen Ideen konfrontiert, Briefe versandt und Ausstellungen eröffnet. Am Ende gewann die Geduld. Die Verhüllung des Reichstags wird der Höhepunkt seiner Künstlerlaufbahn sein. Christo hat versichert, dass er nach der Inszenierung[3] im Frühsommer 1995 kein Gebäude mehr verkleiden, sondern sich anderen Plänen widmen werde.

11. Meinungen über das Verpacken

a) Hört die Meinungen und macht euch Notizen.

Was würde er/sie verpacken?	*Warum?*
1.	
2.	
3.	
4.	
5.	

b) Und was würdet ihr gern verpacken?

„4 you"
Das ökologische Jugendgästehaus

Ökologie? Nein, davon wusste Michael Luksetich nichts, als er seinen Rucksack vor vier Wochen ins „4 you" schleppte. Zunächst begeisterte ihn die Lage gleich um die Ecke vom Hauptbahnhof, dann aber auch der gute Schlaf auf der Naturlatexmatratze und in der Baumwollbettwäsche aus kontrolliert biologischem Anbau. Er bewunderte die Klobürste aus Holz mit Naturborsten, die graffitifreie Holztoilettentür und die durchsichtigen Wasserkästen, die anschaulich machen, wie leicht mit einem Knopfdruck Wasserverschwendung geschieht.

Dem 27-jährigen US-Amerikaner gefielen das energiesparende Dämmerlicht im Zimmer und der dreigeteilte Müllbehälter. „It's nice", so sein Gesamturteil zum Konzept des „ökologischen Jugendgästehauses" in der Hirtenstraße 18, das heuer seine erste Saison erlebt. „Ich bin zum vierten Mal in Europa. Hier im 4 you sind die nettesten Jugendherbergszimmer, die ich je gesehen habe. Vor allem zu dem Preis." Für 10 Euro kann man im Zehn-Bett-Zimmer schlafen, für 12 Euro im Vier- bis Achtbettzimmer, 17 Euro kostet eine Nacht im Doppelzimmer, 25 Euro im Einzelzimmer.

Am 1. März öffnete das „4 you" seine Pforten, und seither waren die 220 Betten so gut wie immer belegt. Während des Schuljahres vorwiegend von Schulklassen, zur Zeit ausschließlich von Rucksacktouristen, die sich die Tür in die Hand geben und allmorgenlich vor der Rezeption Schlange stehen.

Die Freude ist groß bei Peter Ruch und Thomas Deppe vom Vorstand des „Fördervereins Internationales Jugendgästehaus". Dass die meisten Jugendlichen von dem Konzept zunächst keine Ahnung haben und das Gästehaus auch nicht deshalb auswählen, stört die Betreiber keineswegs.

(Süddeutsche Zeitung)

LEKTION 9

Wie läuft es eigentlich bei euch?

A | Eltern – Kinder – Konflikte

Auch andere Väter und Mütter sind Menschen

Wenn die Mutter
meiner Freundin Anna
meine Mutter wäre,
hätte ich nicht, was ich habe,
dürfte ich nicht, was ich darf,
dürfte ich, was ich nicht darf,
könnte ich nicht, was ich kann,
könnte ich, was ich nicht kann,
müsste ich nicht, was ich muss,
müsste ich, was ich nicht muss,
wäre ich nicht, was ich bin,
wäre ich, was ich nicht bin.

Wenn meine Eltern
die Eltern meines Freundes Adam wären,
sähen sie mich mit anderen Augen,
würden sie ihren Ohren nicht trauen,
bliebe ihnen das Maul offen stehen,
hätten sie bald die Nase voll,
stünden ihnen die Haare zu Berge,
knirschten sie mit den Zähnen,
blieben ihnen die Worte im Hals stecken,
griffen sie sich an den Kopf
und wüssten endlich, was sie an mir haben.

Wenn der Vater meines Freundes Antonio
mein Vater wäre,
und der Vater meines Freundes Albert ebenso
und der Vater meines Freundes Abel
desgleichen
und so weiter und so fort,
hätte ich eine grössere Auswahl
und nähme den längsten, um Pflaumen
zu stehlen,
den dicksten, um mit ihm um die Wette
zu laufen,
den schlausten, um Ausreden zu finden,
den zornigsten, um meinen Trotz
auszuprobieren,
den dümmsten, um meine Aufgaben
kontrollieren zu lassen,
den klügsten, um ihm zu widersprechen,
nähme ich den gerechtesten, um bestraft
zu werden,
den traurigsten, um ihm Geschenke
zu machen,
den schweigsamsten, um meine Erlebnisse
zu erzählen,
den ungeschicktesten, um ihm zu helfen,
den kleinsten, um mich erwachsen zu fühlen.

Hans Manz

1. Und bei euch?

Sind dir ähnliche Gedanken auch schon mal durch den Kopf gegangen?
Wie wäre es, wenn die Eltern deines Freundes oder deiner Freundin deine Eltern wären?

2. Konflikte

Warum gibt es zu Hause öfter mal Ärger?
Sammelt in Gruppen Gründe für typische Konfliktsituationen.

3. Urlaub mit der Familie
Lies den folgenden Text und notiere, welche Probleme hier auftauchen.

Marie Luise Kaschnitz

Lange Schatten

Langweilig, alles langweilig, die Hotelhalle, der Speisesaal, der Strand, wo die Eltern in der Sonne liegen, einschlafen, den Mund offenstehen lassen, aufwachen, gähnen, ins Wasser gehen, eine Viertelstunde vormittags, eine Viertelstunde nachmittags, immer zusammen. Man sieht sie von hinten, Vater hat zu dünne Beine, Mutter zu dicke, mit Krampfadern[1], im Wasser werden sie dann munter und spritzen kindisch herum. Rosie geht niemals zusammen mit den Eltern schwimmen, sie muss währenddessen auf die Schwestern Acht geben[2], die noch klein sind, aber nicht mehr süß, sondern alberne[3] Gänse, die einem das Buch voll Sand schütten oder eine Qualle[4] auf den nackten Rücken legen. Eine Familie zu haben ist entsetzlich[5], auch andere Leute leiden unter ihren Familien, Rosie sieht das ganz deutlich, zum Beispiel der braune Mann mit dem Goldkettchen, den sie den Schah nennt, statt bei den Seinen unterm Sonnenschirm hockt er an der Bar oder fährt mit dem Motorboot, wilde Schwünge[6], rasend schnell und immer allein. Eine Familie ist eine Plage[7], warum kann man nicht erwachsen auf die Welt kommen und gleich seiner Wege gehen. Ich gehe meiner Wege, sagt Rosie eines Tages nach dem Mittagessen und setzt vorsichtshalber[8] hinzu, in den Ort, Postkarten kaufen, Ansichtskarten kaufen, die an die Schulfreundinnen geschrieben werden sollen, als ob sie daran dächte, diesen dummen Gören[9] aus ihrer Klasse Kärtchen zu schicken, Gruß vom blauen Mittelmeer, wie geht es dir, mir geht es gut. Wir kommen mit, schreien die kleinen Schwestern, aber gottlob nein, sie dürfen nicht, sie müssen zum Nachmittagsschlaf ins Bett. Also nur die Fahrstraße hinauf bis zum Marktplatz und gleich wieder zurück, sagt der Vater, und mit niemandem sprechen, und geht der Mutter und den kleinen Schwestern nach mit seinem armen, krummen Bürorücken, er war heute mit dem Boot auf dem Wasser, aber ein Seefahrer wird er nie. Nur die Fahrstraße hinauf, oben sieht man, mit Mauern und Türmen an den Berg geklebt, den Ort liegen, aber die Eltern waren noch nie dort, der Weg war ihnen zu lang, zu heiß, was er auch ist, kein Schatten weit und breit. Rosie braucht keinen Schatten, wozu auch, ihr ist überall wohl, wohl in ihrer sonnenölglänzenden Haut, vorausgesetzt, dass niemand an ihr herumerzieht und niemand sie etwas fragt.
Wenn man allein ist, ...

4. Wie geht es weiter?
Überlegt euch eine mögliche Fortsetzung der Geschichte.

5. Mutter und Tochter

Hört euch an, warum Lena manchmal Ärger mit ihrer Mutter hat.
Notiert euch die Gründe.

6. Ärger mit den Eltern

Vergleicht eure Gründe in Aufgabe 2 mit den Notizen zu dem Lesetext und dem Hörtext. Habt ihr dieselben Probleme notiert oder auch andere?

7. Mutter und Sohn

Ihr hört eine Diskussion zwischen Mutter und Sohn.
a) Wer sagt die folgenden Sätze?

	Mutter	Sohn
1. Wieso denn nicht?	☐	☐
2. Also den ziehst du aus!	☐	☐
3. Das geht zu weit.	☐	☐
4. Da blamiert man sich ja.	☐	☐
5. Also nun hör mal auf!	☐	☐
6. Aber doch nicht in deinem Alter!	☐	☐
7. Du kannst mir doch nicht sagen …	☐	☐

b) Gestaltet eine ähnliche Diskussion und spielt sie.

8. Erwartungen

Lest die folgende kleine Geschichte und überlegt euch eine Liste, welche Eigenschaften Eltern und Erwachsene von Kindern erwarten.

Christine Nöstlinger

Bei den Hottentotten

Es war einmal ein kleiner Peter, der hatte eine schrecklich vornehme Mama. Die war ganz versessen auf gute Manieren und feines Benehmen. Wenn der kleine Peter ein bißchen zu laut lachte oder ein wenig herumbrüllte, rief sie: „Wir sind ja nicht bei den Hottentotten!"

Und wenn der Peter in der Nase bohrte, rief sie auch: „Wir sind ja nicht bei den Hottentotten!"

Eines Morgens, als die vornehme Mama den kleinen Peter aufwecken wollte, war sein Bett leer, und auf dem Nachttisch lag ein Zettel, darauf stand: *Bin zu den Hottentotten gegangen!*

Viele Jahre ist das nun schon her. Vom Peter hat die vornehme Mama nie mehr etwas gesehen. Aber angeblich ist er bei den Hottentotten Staatspräsident – und sehr glücklich.

B | Wie seid ihr eigentlich?

9. Die Jugend von heute

Es gibt immer wieder Umfragen über die Jugend. Was meint ihr selbst: Wie seid ihr eigentlich? Diskutiert in Gruppen, welche Adjektive für euch zutreffen.

10. Jugend früher und heute

a) Hört die Meinungen und stellt fest, wer eine positive, wer eine negative Meinung über die heutige Jugend hat.

	nur positiv	nur negativ	sowohl positiv als auch negativ
Lothar	☐	☐	☐
Frau Biermann	☐	☐	☐
Jens-Uwe Schreiber	☐	☐	☐

b) Hört die Meinungen noch einmal und beantwortet die Fragen.
- Was kritisiert Lothar an der Erziehung?
- Wie beschreibt Frau Biermann die Situation der heutigen Jugend?
- Was kritisiert Jens-Uwe an den Jüngeren?

11. Was stört dich an ...?

Sprich über deine Eltern, Großeltern, Geschwister, Verwandten, Bekannten, Freunde, Schulkameraden, Lehrer oder andere. Folgende Muster helfen dir dabei:

> _____ nimmt _____ nicht ernst.
> _____ hat nie Zeit für _____ .
> _____ vergisst immer _____ .
> _____ ist so kindisch.
> So _____ wie _____ möchte ich nicht werden.
>
> Mich stört, dass _____ .
> Früher dachte ich, _____ könnte für mich ein Vorbild sein.
> _____ sagt immer, was ich tun soll.
> _____ fragt mich selten, was _____ .

12. Was findest du toll an ...?

Das folgende Gedicht stammt von Jugendlichen, aus einer Schreibwerkstatt der Gesamtschule Gersheim. Schreibe ein ähnliches Gedicht über einen Freund / deine Schwester / deinen Bruder / eine Mitschülerin / einen Lehrer ...

Das Beste an meinen Eltern ist ...

Dass sie mich geboren haben.
Dass sie da sind, wenn ich sie brauche.
Dass sie mich überall hinkutschieren.
Dass sie Verständnis für mich haben.
Dass für sie die inneren Werte zählen.
Dass sie mein Sparschwein mästen.
Dass sie manchmal Spaß verstehen.
Dass ich auch allein bleiben darf.
Dass sie meine Hobbys unterstützen.
Dass sie mir nicht so viel verbieten.
Dass sie nette Leute sind.
Dass sie mich akzeptieren wie ich bin.

Das Beste an meinen ... ist ...
  meinem
  meiner

13. Die Nummer gegen Kummer

Was denkt ihr, was kann das sein? Wer ruft da wen an? In welchen Fällen?
Gibt es so etwas auch bei euch?

C | Verzettelte Familie

14. Niemand da

Früher wohnten alle Generationen unter einem Dach, heute ist tagsüber meist gar niemand zu Hause. Da wird die Kommunikation zwischen Familienmitgliedern immer schwieriger. Hinterlassene Nachrichten auf Zetteln können vielleicht noch Brücken in der Familie sein, wenn es dazu kommt, dass die Einzelnen einander gar nicht mehr sehen.

Lies die folgenden Notizen.
- Wer schreibt die einzelnen Zettel und für wen?
- Welches Tagesprogramm könnten die einzelnen Familienmitglieder haben?

15. Situationsspiel

Die Familie sitzt am nächsten Morgen zusammen am Frühstückstisch. Wie könnte die Unterhaltung verlaufen? Stellt sie euch vor und spielt sie.

WAS PETRA VON IHREM VATER DENKT:

Mit 6 Jahren: Mein Vater weiß alles.
Mit 10 Jahren: Mein Vater weiß nicht alles.
Mit 14 Jahren: Mein Vater weiß sehr wenig.
Mit 18 Jahren: Mein Vater ist hoffnungslos rückständig. Wir können uns nicht verständigen.
Mit 25 Jahren: Mein Vater scheint manchmal Recht zu haben.
Mit 30 Jahren: Mein Vater ist im Grunde ein gescheiter Mann. Ich muss ihm meist Recht geben.
Mit 35 Jahren: Mein Vater hat bewährte Grundsätze und lässt sich nicht von jeder Neuheit beeindrucken. Jetzt verstehe ich ihn vollkommen.

Idole:
PAPA STATT POPSTAR

Boris Becker statt Beatles, Papa statt Popstar. Auf diesen Nenner lassen sich die überraschenden Ergebnisse einer Umfrage unter Teenies zwischen 6 und 16 nach ihren Idolen bringen. An erster Stelle lagen überraschenderweise vor allem Sportler und Sportlerinnen. An zweiter Stelle stehen Personen aus dem Familien-, Freundes- und Bekanntenkreis. Popstars rangieren dagegen erst auf dem dritten Platz.

(Treff)

LESETEXTE

VORBILDER

„Heute ist nicht mehr die Zeit von Vorbildern." Das sagt Norman resigniert. „Früher hat es sich herumgesprochen, wenn jemand etwas Besonderes geleistet hat. Die Leute haben sich daran orientiert, sie haben ein Vorbild gehabt. Heute geben uns die Medien eine Flut von Informationen. Da fällt es viel schwerer, sich zu orientieren."

„Man erfährt zum Beispiel eine ganze Menge über Politiker", sagt Sönke. „Plötzlich merkt man, dass kaum einer eine weiße Weste hat. Schon taugt er nicht mehr zum Vorbild." Trotzdem: Normans Vorbild ist ein Politiker, der ehemalige Bundespräsident Richard von Weizsäcker. „Ich bewundere seine Art zu reden. Ich fand wichtig, dass er heikle Themen angesprochen hat. Ich versuche ihm nachzueifern. Wenn ich mit Freunden über Politik diskutiere, suche ich klare und überzeugende Argumente. Ich freue mich, wenn ich damit Erfolg habe."

Nur jeder dritte Jugendliche in Deutschland hat ein Vorbild. Das ergab eine Umfrage. Scheinbar denken die meisten wie die fünfzehnjährige Melanie. Die sagt: „Ich brauche keine Vorbilder. Ich versuche selber meinen Weg zu finden. Als ich klein war, waren meine Eltern Vorbilder. Später, so mit 10, habe ich den Schwimmer Michael Groß angehimmelt. Ich war auch Schwimmerin und wollte so gut werden wie er. Aber die Zeit ist vorbei. Jetzt gibt es für mich keine großen Vorbilder mehr. Ich mag vielleicht den einen oder anderen Musiker, aber das ist etwas anderes. Das hat keinen Einfluss auf mein Leben. Ich versuche einfach, meinen Stil zu finden. Ich helfe, wo ich kann. Viele meiner Freundinnen kommen zu mir, wenn sie Kummer haben. Dafür brauche ich keine Idole."

(JUMA)

LEKTION 10

Warst du schon mal in Fantasia?

A | Warst du schon da …?

GERHARD SCHÖNE

FANTASIA

Warst du schon da, warst du schon da, … warst du in Fantasia?
Warst du schon da, warst du schon da, … in Fantasia?

Verschiedene Wege führen dahin –
der Luftweg mit dem Zeppelin –
und ist dir das nicht schnell genug,
dann nimmst du den Gedankenflug.
Den Landweg ja nicht mit der Bahn,
sonst kommst du nie und nimmer an.
Du gehst zu Fuß, und zwar bei Nacht,
dann bist du da, eh du's gedacht.
Für'n Wasserweg ist sehr bequem
das städtische Kanalsystem.
Der Zugang führt durch's Abflußrohr,
doch dicke warne ich davor.

Hier weiß man nichts von Stunk[1] und Neid[2],
auch nichts von fester Arbeitszeit.
Wer lustig ist, der schafft etwas,
denn Arbeit macht hier immer Spaß.
Man wird hier Trainer für Yoyo.
Man geht ins Schlips-Entwurfsbüro.
Als „Streichelwart" ins Kinderheim,
in die Lyrikabteilung „Reim".
Sehr viele sind hier Schlagerstar
und Milchmixmeister in der Bar.
Doch in der Feuerschluckerei
sind immer wieder Plätze frei.

Im Wohnungsbau gibt's keine Norm.
Das eine Haus hat Muschelform.
Das zweite sieht wie ein Kürbis aus,
das dritte wie ein Schneckenhaus.
Und manche siedeln sich nicht an,
die haben am Häuschen Räder dran.
Und manches Haus schwebt hin und her,
und andere schaukeln auf dem Meer.
Auf flachen Dächern pflanzen sie
sich Palmen an und Sellerie.
Da sitzen abends Frau und Mann
und gucken sich die Sterne an.

Mit Pflanzen unterhält man sich,
das gilt hier nicht als wunderlich.
Auch Tanzmaus, Meeresschwein und Katz
sind dankbar für'nen kleinen Schwatz[3].
Hier gibt es Männerschwangerschaft,
die Kinder haben Bärenkraft.
Und wenn sich einer wichtig macht,
wird er von allen ausgelacht.
Und jeder schmückt sich wie er kann,
kein zweiter zieht das Gleiche an.
Wer will, geht nackt auch außer Haus,
denn alle sehen fantastisch aus.

Zensuren, Knast und Steuerpflicht[4],
Armee und Polizei gibt's nicht.
Auch keinen Mörder, keinen Dieb,
denn hier sind alle Menschen lieb.
Wenn du nur etwas Muße hast[5],
dann mache in Fantasia Rast.
Und wenn es dir dort auch gefällt,
bring etwas mit in unsere Welt.
Der Rückweg ist dann schnell getan,
man schaltet nur das Radio an,
und blickt in einen Spiegel rein,
und kneift sich in das linke Bein.

LEKTION 10

1. Wie war es in Fantasia?

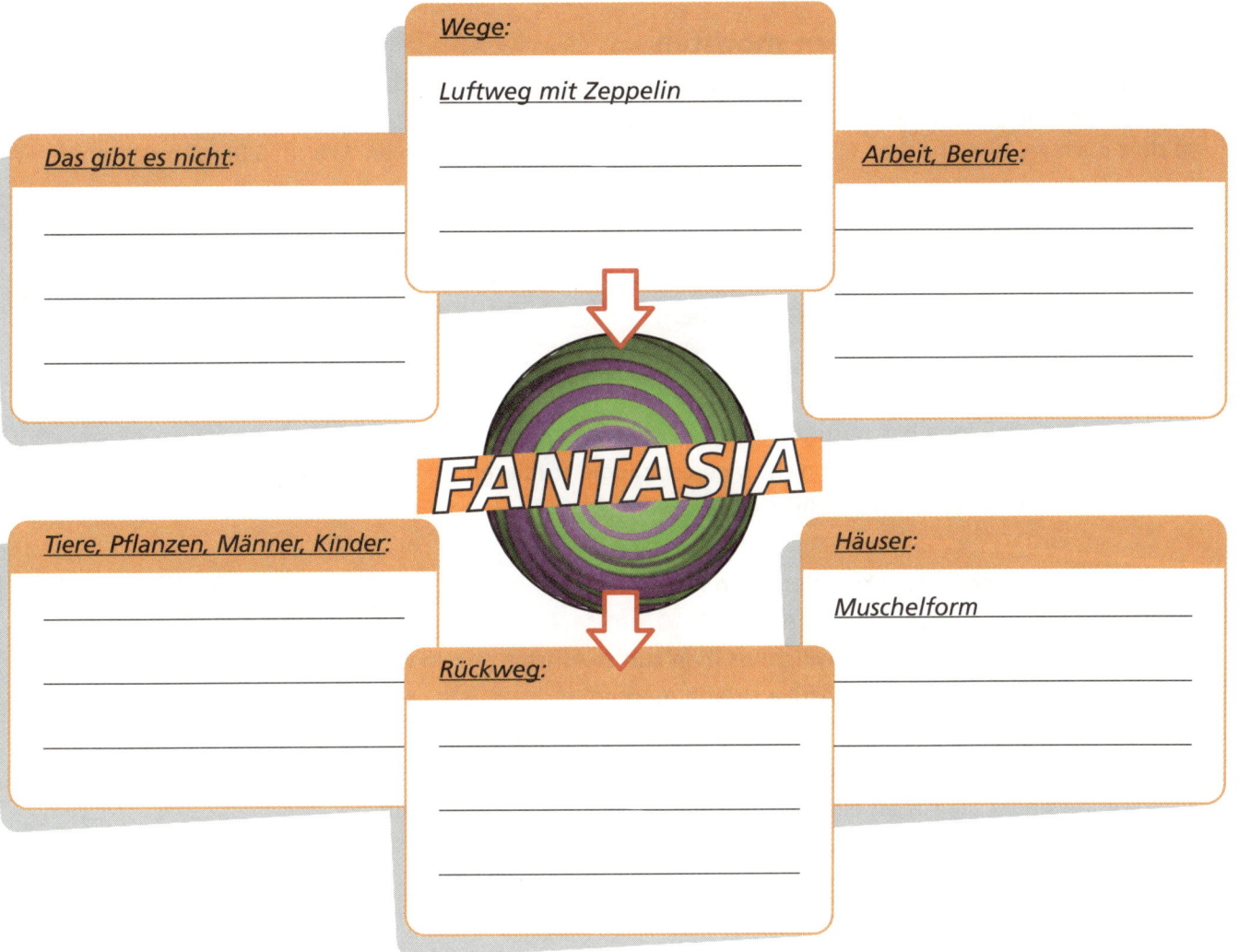

Wege: Luftweg mit Zeppelin

Das gibt es nicht:

Arbeit, Berufe:

Tiere, Pflanzen, Männer, Kinder:

Häuser: Muschelform

Rückweg:

2. Komische Wörter

Erklärt die folgenden Ausdrücke:
r Gedankenflug, r Streichelwart, e Männerschwangerschaft, r Milchmixmeister, s Schlips-Entwurfsbüro, r Reimemacher

Beispiel: r Gedankenflug – Das ist eine Reise in Gedanken, die man sich nur vorstellt; keine wirkliche Reise.

3. Weitere Ideen

Denkt darüber nach, was es in Fantasia noch geben könnte und was es nicht geben sollte. Tragt eure Ideen oben ein.

4. Häuser in Fantasia

Habt ihr Ideen, wie Häuser noch aussehen könnten? Wer kann das merkwürdigste Haus erfinden? Ihr könnt euer Haus auch malen und dann den anderen vorstellen.

B | Traumberufe

5. Was Jugendliche werden möchten

Habt ihr euch auch schon einmal vorgestellt, was ihr später gern beruflich machen würdet? Flugzeugkapitän? Mannequin? In der Fantasie ist alles möglich.

a) Hört euch an, was Christian (13), Katharina (14) und Guido (15) erzählen. Welchen Beruf möchten sie wählen?

b) Hört euch die Texte noch einmal an, und entscheidet, ob folgende Aussagen richtig oder falsch sind.

	richtig	falsch
1. *Christian* taucht seit neun Jahren.	☐	☐
2. Ein Meeresbiologe beschäftigt sich mit dem Meereswasser und mit den Fischen.	☐	☐
3. Ohne Tauchschein darf man nicht Meeresbiologie studieren.	☐	☐
4. Die Arbeit im Labor findet Christian langweilig.	☐	☐
1. *Katharina* möchte kranken Menschen helfen.	☐	☐
2. Das Medizinstudium dauert lange.	☐	☐
3. Wenn man Ärztin werden will, muss man zuerst Assistenzärztin werden.	☐	☐
4. Katharina würde gerne in Afrika Urlaub machen.	☐	☐
1. *Guido* möchte Schreiner werden, weil er gern mit Holz arbeitet.	☐	☐
2. Guido findet die Arbeit eines Zimmermanns körperlich anstrengend.	☐	☐
3. Die Ausbildung der Zimmermänner und der Schreiner erfolgt in der entsprechenden Schule.	☐	☐
4. Die Gesellen bilden die Lehrlinge aus.	☐	☐

6. Berufe und Aufgaben

Was macht eine Ärztin, ein Zimmermann und ein Meeresbiologe?
Höre die Texte noch einmal und fülle die Tabelle aus.

Ärztin:	Zimmermann / Schreiner:	Meeresbiologe:
_____	*– muss zuerst in einem*	_____
_____	*Betrieb Lehre machen*	_____
_____	_____	_____
_____	_____	_____

LEKTION 10

7. Was ist dein Traumberuf?

Erzähle über deine Pläne oder Träume. Die Satzanfänge helfen dir dabei.

Ich beschäftige mich gerne mit _____ .
Ich interessiere mich für _____ , deshalb möchte ich _____ werden.
Als _____ kann ich _____ und habe _____ .
Das _____ macht mir Spaß.
Außerdem braucht man als _____ nicht _____ .
Privat möchte ich _____ und vor allem möchte ich Zeit für _____ haben.

Mein Traum ist es, _____ zu _____ .
Dann könnte ich _____ und _____ .
Ich hätte (k)ein- _____ .
Auch würde mir _____ sicher sehr viel Spaß machen.
Ich könnte _____ und müsste kein- _____ /und müsste nicht _____ , weil _____ .

C | Hier hab' ich meine Ruhe

Bestimmt habt ihr einen Lieblingsplatz, wo ihr ruhig nachdenken und träumen könnt, wo ihr ungestört seid. Das Jugendmagazin JUMA hat zunächst deutsche Jugendliche gefragt, wo sie sich am liebsten aufhalten.

NICOLE (19), HANDELSSCHÜLERIN:

„Mein Lieblingsplatz ist ein alter Turm im Stadtwald. Meistens gehe ich nach der Berufsschule dorthin. Am meisten genieße ich die Ruhe rund um den Turm. Nur wenige Leute kommen wochentags hierher.

Ich kann dort ungestört über alles Mögliche nachdenken – über mich selbst, meine Freunde oder über Stress in der Schule. Ab und zu nehme ich auch unseren Hund mit. Auch wenn es verrückt klingt – manchmal unterhalte ich mich mit ihm. Ich stelle mir halt vor, dass er mir zuhört.

Dann gibt es Tage, da sitze ich hier und denke über gar nichts nach. Ich genieße einfach die Sonne und freue mich, dass es hier im Wald so schön ist.

Am meisten liebe ich den Platz im Frühling, wenn es grün wird und sich der Wald jede Woche verändert."

„Habt ihr auch einen Lieblingsplatz? Schickt uns Fotos und schreibt uns, warum ihr diesen Platz gewählt habt."

Auf diesen Aufruf sind Briefe aus aller Welt in die Redaktion gekommen, wir haben euch einige ausgewählt:

Eine gemütliche Stube mit einem bequemen Sofa ist mein Lieblingsplatz. Das Zimmer hat ein großes Fenster und keine Gardinen. Draußen sehe ich das Meer mit seinen Wellen. Kinder spielen am Strand. Abends geht die Sonne unter, und das Meer glänzt. Ich bin dort, um meine Gedanken in Ordnung zu bringen, ohne gestört zu werden. An meinem Lieblingsplatz bekomme ich neue Kräfte für den Alltag.

Susan Müller Maass, Timbó/Brasilien

Am besten gefällt es mir auf dem Dachboden meiner Großeltern. Es riecht nach Holz und Wäsche. Aber am schönsten riechen die Kräuter, die meine Großmutter dort trocknet. Der Dachboden wirkt geheimnisvoll, weil sich dort verschiedene Sachen befinden, zum Beispiel alte Farben in Gläsern, keramische Fliesen, alte Schallplatten und alte Fotos und Spielzeug. Es ist der richtige Platz für mich. Der ganze Dachboden ist aus dem vorigen Jahrhundert. Hier kann ich alle Probleme und Schwierigkeiten vergessen.

Daniela Vrabelova, Bratislava/Slowakei

Mein Lieblingsplatz ist an meinem Computer. Hier sitze ich immer, wenn ich Zeit und Lust habe. Am liebsten spiele ich „Adventure Games". Ich arbeite aber auch mit meinem Computer für die Schule. Wenn Freunde zu Besuch kommen, sitzen wir am Computer und spielen.

Karl Johan Hoy Nybo, 15 Jahre, Skorping/Dänemark

Ich fühle mich auf dem Volleyballplatz am wohlsten. Wenn ich Volleyball spiele, vergesse ich alle meine Sorgen. Wenn die Zuschauer schreien und toben, fühle ich mich fantastisch.

Kristian Ramsay, Fort Myers/USA

LESETEXTE

Die folgende Geschichte schrieb Bertolt Brecht noch als Gymnasiast. Zuerst erschien sie 1913 in einer Schülerzeitung.

Bertolt Brecht

Märchen

Es war einmal ein Prinz, weit drüben im Märchenlande. Weil der nur ein Träumer war, liebte er sehr, auf einer Wiese nahe dem Schlosse zu liegen und träumend in den blauen Himmel zu starren. Denn auf dieser Wiese blühten die Blumen größer und schöner als sonstwo.

Und der Prinz träumte von weißen, weißen Schlössern mit hohen Spiegelfenstern und leuchtenden Söllern*.

Es geschah aber, daß der alte König starb. Nun wurde der Prinz sein Nachfolger. Und der neue König stand nun oft auf den Söllern von weißen, weißen Schlössern mit hohen Spiegelfenstern.

Und träumte von einer kleinen Wiese, wo die Blumen größer und schöner blühten als sonstwo.

* r Söller: Balkon, Terasse auf Säulen

LESETEXTE

ZUKUNFT-WERKSTATT für Jugendliche

Die Landesregierung von Nordrhein-Westfalen eröffnete am 1. September eine Zukunftwerkstatt für Jugendliche. Die Jugendinitiative „blue BOX – Wie wollen wir leben?" hat das Ziel, junge Menschen für eine aktive Zukunft zu motivieren. Durch 21 Städte tourt die „blue BOX-Zukunftwerkstatt". Das 75 Quadratmeter große Zelt steht jeweils für eine Woche für Jugendliche zwischen zwölf und siebzehn Jahren bereit. In einem Kreativwettbewerb können sie ihre Ideen zu den Themen „Stadt der Zukunft", „Freizeit, Sport, Lifestyle und Kultur", „Freunde, Familie und die Liebe", „Umwelt und Verkehr" und „Schule, Ausbildung und Beruf" frei gestalten.

Aus einem Prospekt:

KOPFREISEN

... ist **eine literarische Weltreise**, eine Kreuz- und Querfahrt der Fantasie, ein Gedankenflug durch Texte, die wir wichtig und schön finden. Wir wollen neugierig machen auf die Autoren in unserem Buch, neugierig auf die Bücher, aus denen wir Auszüge gewählt haben. (Flugtickets gibt's übrigens bei jedem Buchhändler.)

... ist **kein Reiseprospekt!** Wir liefern keine Abziehbilder und keine fertigen Klischees. Wir versprechen nicht das Blaue vom Himmel und garantieren keine Sonnenbräune! Ob deine Kopfreise ein Erlebnis wird, hängt ganz von deiner Begegnung mit dem Autor ab. Lesen ist eben ein Abenteuer!

... ist **eine Einladung zum Mitfliegen.** Pack deine Fantasie ein (mehr Gepäck brauchst du nicht) und komm mit: Literatur ist wie Urlaub. Genauso erholsam, genauso aufregend, genauso fröhlich. Einfach bequem zurücklehnen, Buch aufschlagen – und dein Urlaub beginnt. Überall und jederzeit.

... ist **eine Aufforderung zum Gebrauch der eigenen Augen:** Wer unterwegs ist, sollte seine Augen offen halten. Und wer seine Augen (und sein Herz) offen hält, kann nicht übersehen, was rund um ihn vorgeht. Auch wenn's nicht immer angenehm ist.

Guten Gedankenflug und auf Wiedersehen!

LEKTION 11

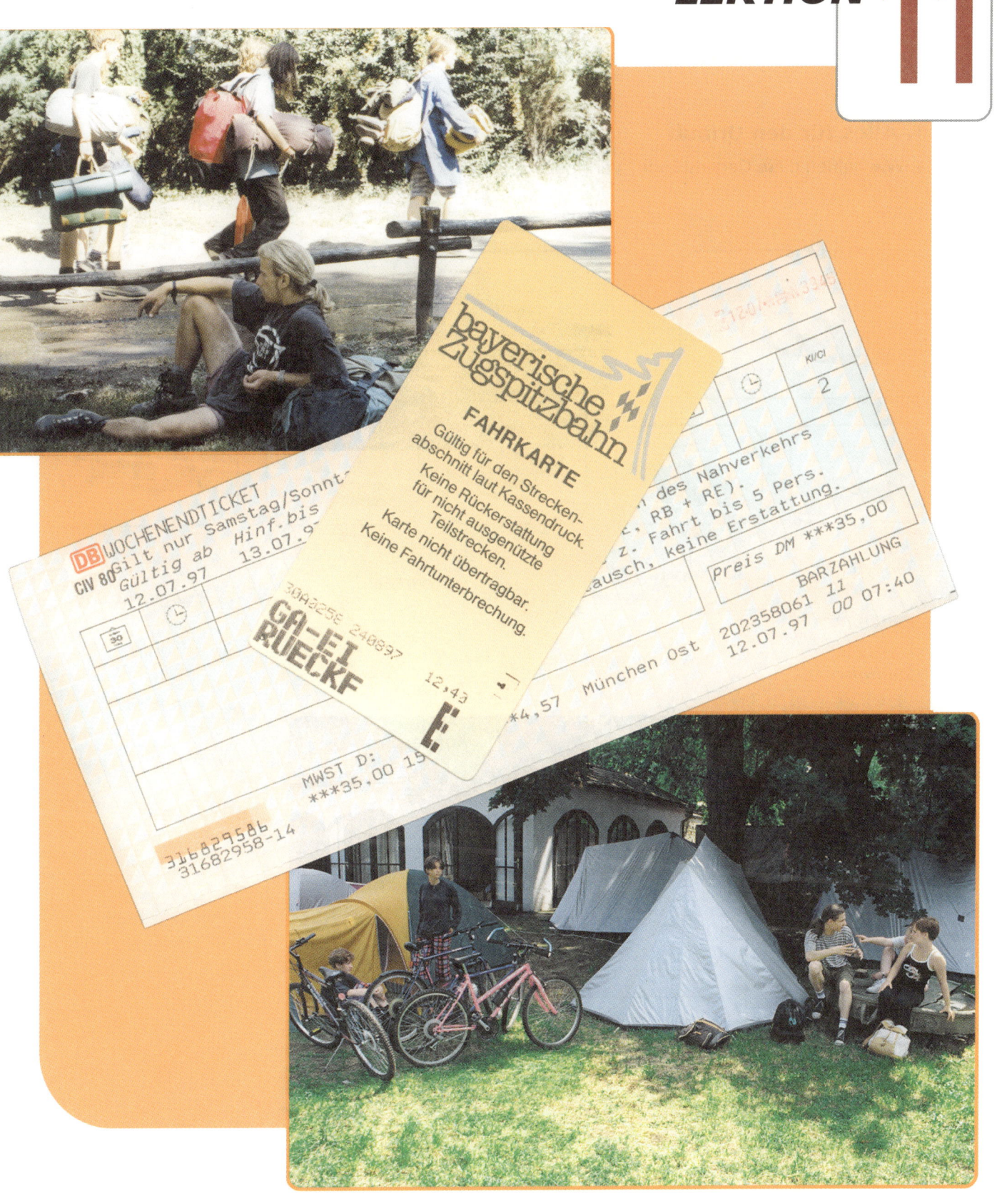

Jugendliche unterwegs

A | Was würdest du mitnehmen?

1. Alles für den Urlaub

a) Wie heißen diese Gegenstände? Verbinde.

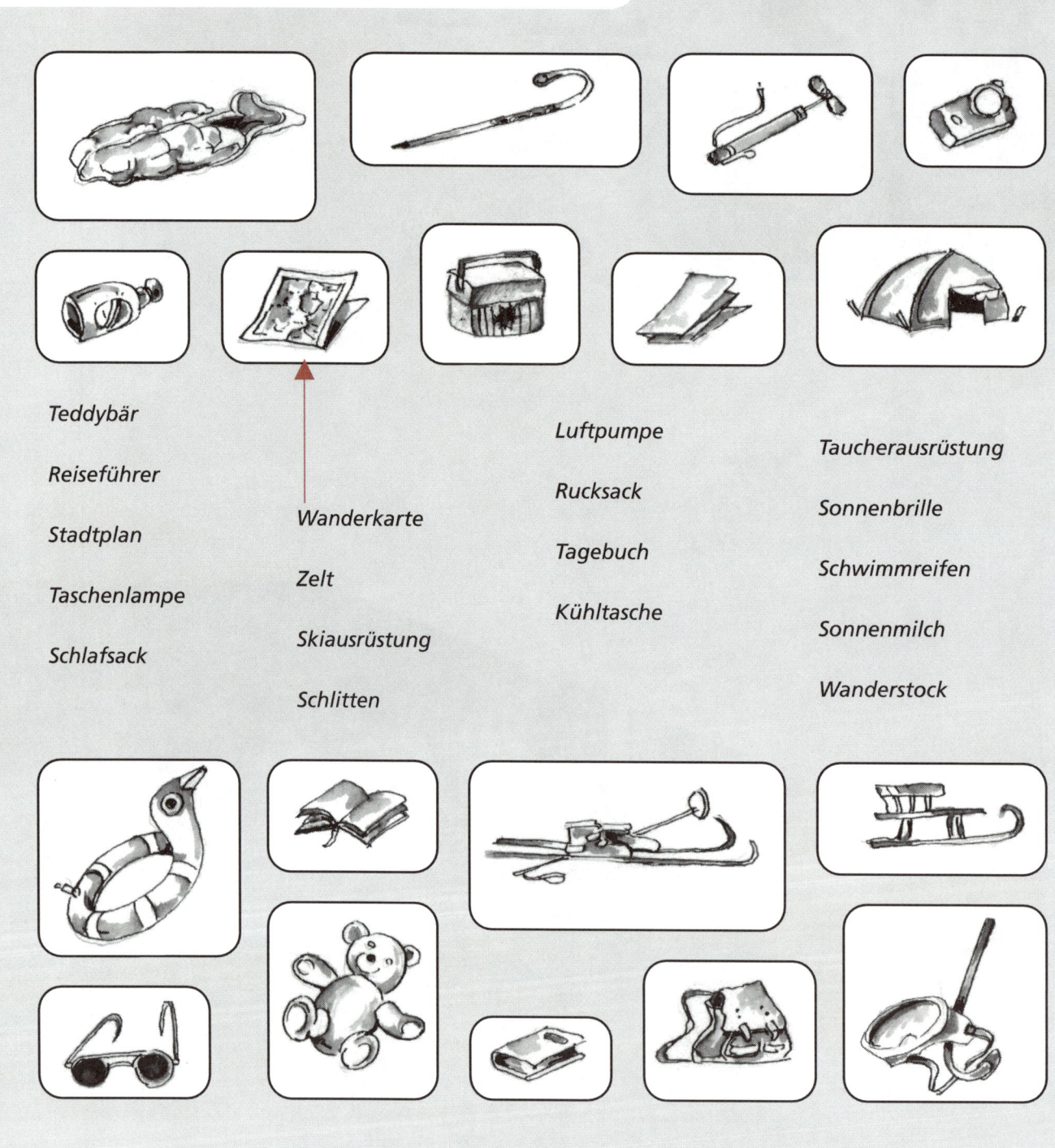

b) Gruppiere die Gegenstände nach möglichen Urlaubs- / Reisezielen.

Reiseziel	Gegenstände	Aktivitäten
Badeurlaub am Mittelmeer	_Taucherbrille_	_Fischen hinterhertauchen_

c) Bilde Sätze wie im Beispiel.

Wenn ich an das Mittelmeer fahren würde, würde ich unbedingt   ein / e / n ...   mitnehmen.
                                          könnte,   auf jeden Fall   einpacken.
                                                       auf keinen Fall   mein / e / n ...   ausprobieren.
                                                       bestimmt

2. Traumferien

- Und wohin würdest du am liebsten fahren?
- Was würdest du dort machen?
- Was würdest du mitnehmen?
- Wo würdest du übernachten?
- Wie lange würdest du bleiben?

Überlege dir eine Antwort auf die Fragen und erzähle dann über deine „Traumferien".

B | „Die 9-Seen-Velotour"

So hieß die Fahrradtour, bei der Jugendliche aus der ganzen Schweiz 300 km in neun Tagen zurücklegten. Mit insgesamt 462 Gängen war die Truppe gut gerüstet, um den Höhenunterschied mühelos hinter sich zu bringen. Die Radler verbrachten zwar täglich etwa 8 Stunden im Sattel, doch dazwischen war genug Zeit für Baden, Picknick, Besichtigungen der Sehenswürdigkeiten am Wegrand, Sport und Spiel. Und all das natürlich bei guter Laune und Ferienstimmung!

Programm

1. Tag: Treffpunkt in Kreuzlingen am Bodensee; Gymnastik, Fahrradcheck
2. Tag: am Rhein entlang – Rheinfall, Schloss Hegi, Winterthur (45 km)
3. Tag: Schloss Kyburg, Pfäffikersee, Zürich-See-Damm, Richterswil (50 km)
4. Tag: Hirzel – Zugersee – Luzern (60 km)
5. Tag: ein radfreier Tag in der Stadt Luzern; Führung durch die Stadt (Kapellbrücke, Jesuitenkirche, Uhr am Zytturm, Löwendenkmal)
6. Tag: „Königsetappe": den Vierwaldstätter See, den Sarner- und den Lungernsee entlang über den Brünigpass nach Brienz (Höhenunterschied 400 m); kurz vor Brienz Freilichtmuseum Ballenberg
7. Tag: gemütliche Fahrt an den Ufern des Brienzer- und des Thunersees entlang nach Leissigen (35 km); Besuch in Interlaken
8. Tag: Thun – Gürbetal – Belp – Bern (55 km)
9. Tag: Ruhetag in Bern – Besichtigung der Sehenswürdigkeiten; Abschlussfete in der Jugendherberge

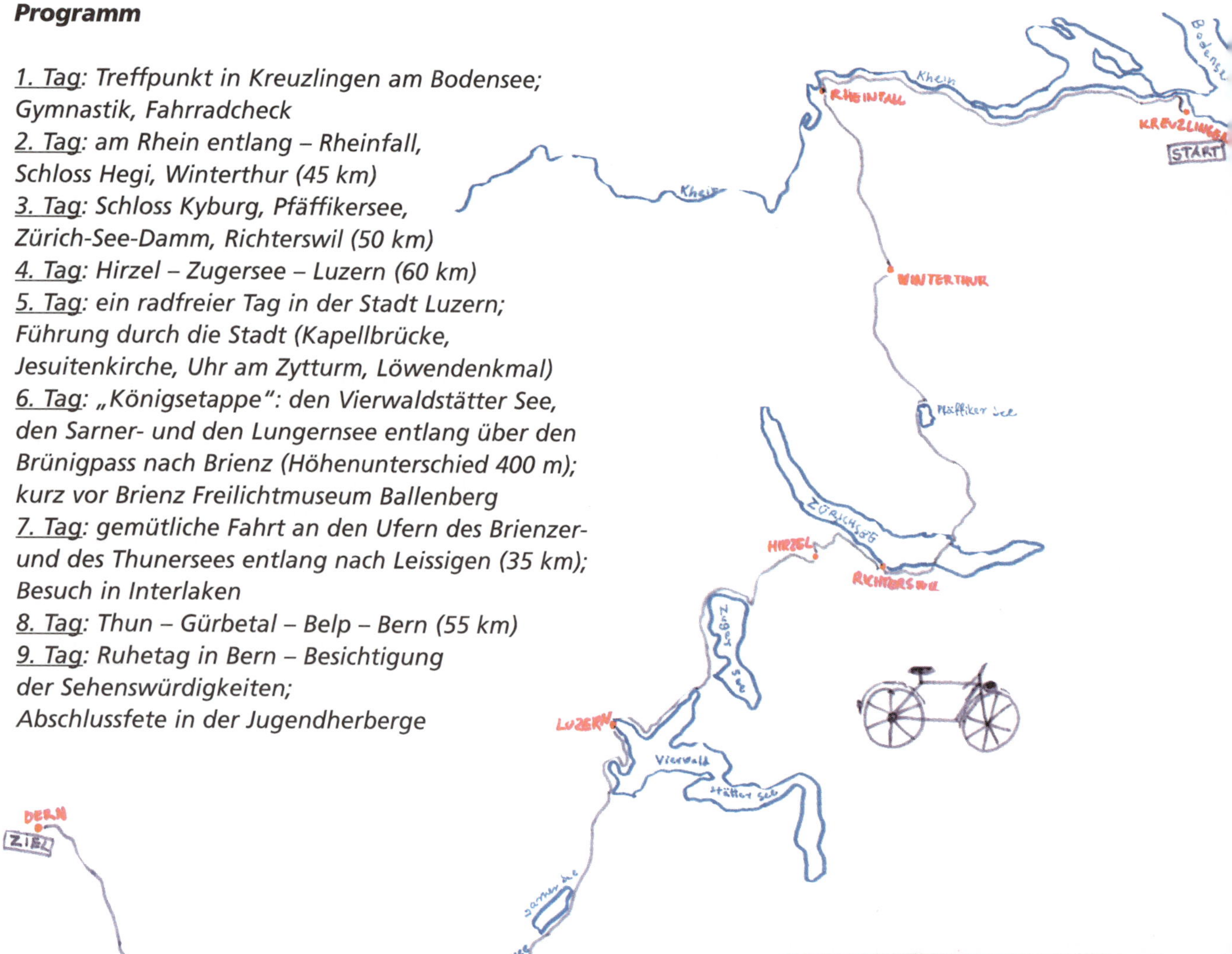

3. Was fehlt in der Skizze?

Vergleicht und ergänzt die Skizze mit den Angaben des Programms.

4. Bilder aus dem Foto-Tagebuch

Versucht zu erraten, was die Teilnehmer in den abgebildeten Situationen gesagt, gedacht oder gemacht haben.

5. Wie verlief die Fahrradtour?

Erzählt mit Hilfe des Programms und der Bilder.

> Sie trafen sich _____ .
> Am zweiten Tag _____ .
> Als _____ , _____ .
> Nachdem sie in _____ angekommen waren, _____ .
> Sie legten die Strecke zwischen _____ und _____ zurück.
> Sobald sie _____ erreichten, _____ .

6. Situationsspiel

Am 4. Tag der Tour stellt es sich heraus, dass der Pass, den die Radler überqueren wollten, wegen schlechten Wetters gesperrt ist. Macht mit Hilfe einer Karte Vorschläge, wie man das Programm ändern könnte, diskutiert sie in der Gruppe und entscheidet euch schließlich für eine Variante.

Vorschläge
Ich meine, (dass) _____ .
Ich schlage vor, (dass) _____ .
Meiner Meinung nach _____ .
Ich würde sagen, _____ .
Wir müssten / sollten / könnten _____ .
…

Gegenargumente
Ich halte das für keine gute Idee, weil _____ .
Es wäre besser, wenn _____ .
…

Zustimmung
Das ist eine gute Idee.
Ich bin einverstanden.
Einverstanden.
Ich bin dafür.
Ich bin der gleichen Meinung.
…

Gleichgültigkeit
Mir ist es egal / gleich.
Meinetwegen.
Von mir aus.
…

Ablehnung
Ich bin dagegen.
Das ist doch Unsinn / Quatsch / Mist.
Ich bin anderer Meinung.
…

7. Radfahrer erzählen

Ihr hört Teilnehmer einer anderen Radtour. Macht euch zuerst Notizen zu den folgenden Fragen:

a) Was erfahren wir über die Tour?
Dauer: _____
Länge: _____
Wetter: _____
Übernachtung: _____

b) Hört euch die Teilnehmer noch einmal an. Was erfahren wir über sie?

	Was für ein Fahrrad haben sie?	*Wie oft fahren sie Rad?*	*Warum fahren sie Rad / nehmen sie an der Tour teil?*
Michaela, Veronika	_____	_____	_____
Reiner	_____	_____	_____
Ehepaar	_____	_____	_____

c) Könnt ihr euch noch an andere Informationen zu den Personen erinnern?

DAS GROSSE WIR-BUCH

*Tipp: Ihr könnt bei eurer nächsten Klassenfahrt auch ein Foto-Tagebuch anfertigen.
Schreibt kleine Texte zu euren Fotos und klebt sie in das GROSSE WIR-BUCH ein.*

C | Jugendherbergen

8. Aus einem Prospekt

Wenn Jugendliche auf Reisen gehen, übernachten sie meistens in Jugendherbergen.
Kannst du aus dem Prospekt entnehmen, warum die Jugendherbergen bei den Jugendlichen so beliebt sind?

> 13 Schweizer City-Jugendherbergen, 13 Treffpunkte für Globetrotter. Hier triffst du von der Australierin bis zum Berliner alles, was Reiselust verspürt. Und einigermassen jung geblieben ist – wenigstens im Kopf. Dementsprechend ist die Stimmung: aufgeräumt, unkompliziert. Weil's ganz einfach cooler ist.
> Ganz zu schweigen vom Budget. Das Geld, das du in der Jugi sparst, brauchst du nun wirklich für Besseres. Für ein Heimspiel von Züri West in Bern. Oder für ein Städteweekend in London. Na klar, ohne Eltern! Die Jugendherbergen. Die exclusivste Hotelkette der Welt.

9. In der Jugendherberge

Ihr hört eine Szene in der Jugendherberge. Füllt die Lücken nach dem zweiten Hören aus.

■ Hallo! Kann ich dir helfen?
● Guten Tag! Ich hätte gern _____ .
■ Hast du _____?
● Nein. Aber ich habe eine_____ .
■ Gut. Ich sehe gleich mal nach, wo wir noch etwas frei haben ... Ja ..., da wäre ein Platz in einem _____ und noch mehrere Plätze im großen _____ für 15 Personen. Welches Zimmer wäre dir lieber?
● Gibt es einen Unterschied im Preis?
■ Ja, das Vierbettzimmer kostet ____ Mark pro Nacht, das andere ____ Mark.
● Dann nehme ich lieber das _____ .
■ Hast du einen _____ dabei?
● Nein.
■ Dann musst du noch 3,- DM extra für Bettwäsche _____ .
● OK. Und wie ist es mit dem _____ ?
■ Frühstücken kannst du hier nebenan, jeden Tag von ____ bis ____ Uhr. Das Frühstück kostet 5,- Mark.
So, jetzt füllst du bitte mal diesen _____ aus. Deinen _____ musst du da lassen.
Den kriegst du vor deiner Abreise zurück ... Fertig? Hier hast du deinen Schlüssel für das Zimmer. Es ist im ersten Stock, gleich rechts. Um _____ wird die Eingangstür geschlossen. Bis dahin solltest du möglichst zurück sein. Sonst musst du klingeln.
Kennst du dich in dieser _____ aus?
● Nein, ich bin zum ersten Mal da.
■ Am Eingang findest du Prospekte über die _____, und ein kleiner Stadtplan ist auch dabei. Wenn du noch Fragen hast, helfen wir dir gern weiter. Schönen Aufenthalt!
● Danke!

10. Nächtliches Abenteuer

Lest den Artikel und vergleicht ihn mit dem Prospekt auf S. 103:
- Welche Informationen stimmen überein, welche nicht?
- Was erfahrt ihr zusätzlich über das Leben in der Jugendherberge?

SAUBER

Ein typischer, regnerisch kühler Juniabend. Ich packe den Rucksack für das nächtliche Abenteuer. Ich ziehe die Mütze tief ins Gesicht und stapfe[1] durch den Regen los zur Jugendherberge Zürich-Wollishofen.

Wie ich in die Eingangshalle trete, springt mir eine kleine, in eine rote Latzhose gekleidete Schaufensterpuppe ins Auge. Auf der Brust trägt sie stolz ein Schweizerkreuz, auf dem Kopf die international kompatible Baseballmütze. Und so präsentiert sich auch die Jugi: patriotisch und weltoffen. Armeemesser und Schokolade gegen Coca Cola und Inter Rail.

Die Eingangshalle dient gleichzeitig als Aufenthaltsraum[2]. Die Atmosphäre bewegt sich zwischen Mensa und Gemeinschaftszentrum. Ein Billardtisch steht verlassen herum, ein Fußballkasten, eine Musikbox. Vor dem Großbildfernseher sitzen ein paar junge Japaner. Ein großer Amerikaner mit gepflegtem, langem, blondem Haar und gelb-blau karierten Globihosen[3] unterhält sich lebhaft mit zwei Inderinnen. Andere schreiben, spielen Karten oder studieren den Stadtplan und „Let's go Europe".

„Wir mögen Zürich sehr", erzählen Isabel und Jaime aus Argentinien. „Nur ist alles viel zu teuer. Auch die Jugi. 29 Franken pro Nacht sind doch einfach zu viel. Die Altstadt ist aber schön und die Leute sind sehr freundlich." Weiter aufgefallen ist ihnen, dass hier alles viel geregelter und sauberer ist als in Buenos Aires, und sie finden das gut.

Beim Einchecken[4] wird mir neben dem Schlüssel – Zimmer 302, Bett 3 – ein leuchtend weißer Leintuchschlafsack[5] und ein kleiner Schokoladetaler übergeben. „Frühstück ist zwischen sechs und neun Uhr, Auschecken[6] bis zehn. Einen schönen Abend noch!" Ich begebe mich die Männertreppe hinauf[7]; im rechten Teil sind die Frauen untergebracht, im linken die Männer. Wenigstens gibt es keine Trennmauer. Das Zimmer ist ziemlich klein für die sechs Personen, die es beherbergen soll. Zwei mächtige Österreicher in Ledermontur[8] wühlen[9] in ihren Rucksäcken. Die anderen Betten sind noch frei. Der Boden ist mit braunem Linoleum überzogen. Es riecht mottig[10].

Wieder im Aufenthaltsraum unten treffe ich auf Gro, Katarin und Birgit. Sie sind Nationalspielerinnen des norwegischen Unihockeyteams. Es hat oft SportlerInnen in der Jugi, vor allem solche aus Osteuropa, die nicht viel Geld zur Verfügung haben. Daneben fällt auf, dass auch viele ältere Leute hier verkehren. Ungefähr die Hälfte sei über dreißig, informiert mich der Concierge[11]. Mittlerweile ist zehn Uhr vorbei. Die Nachtruhezeit ist angebrochen.

Kurz vor zwölf gehe ich zu Bett. Es läuft kaum mehr etwas. Ich tappe ins dunkle Zimmer. Die anderen schlafen schon, ein neu eingetroffener Zimmergenosse schnarcht[12] laut vor sich hin. Die Matratze ist zu weich. Irgendwo schreit ein kleines Kind.

Geplapper[13] in Normallautstärke schleicht sich plötzlich in meinen Traum. Und das um halb sieben in der Früh! – Das Leben ist hart. Nach dem Frühstück gehe ich an der Rezeption, um auszuchecken.

(Toaster)

UND NETT

11. Eigene Erfahrungen

Hast du auch schon mal in einer Jugendherberge übernachtet?
- Wenn ja, erzähle über deine Erfahrungen.
- Wenn nicht, überlege dir, ob du es gern ausprobieren würdest.
- Welche anderen Möglichkeiten hat man, eine Unterkunft zu finden?

LESETEXTE

TEDDYS REISEN UM DIE WELT

52 rote Teddybären reisen um die Welt. Damit der Erdkundeunterricht für ihre Kinder interessanter wird, hat die Lehrerin einer Schule in der US-Stadt Philadelphia vorgeschlagen, die Stofftiere auf Reisen zu schicken. Jedes Kind hatte zu Beginn des Schuljahres einem Bekannten, der verreiste, ein Stofftier mitgegeben mit der Bitte, es bis zum Ziel der Reise mitzunehmen. Dann musste es einem anderen Reisenden übergeben werden. Anhand eines Logbuchs kann der Weg der „Geobären" verfolgt werden.

(Treff)

GARTENZWERGE AUF WELTREISE

Zuverlässig versah Bobby, englischer Gartenzwerg, in einem Vorgarten in Hutton seinen schmückenden Dienst. Bis eines Tages Familie Barwick auf Bobbys Platz nur noch einen Zettel mit den Worten fand: „Bin für einige Monate auf Ferienreise." Und tatsächlich trafen bald Ansichtskarten aus aller Welt ein, alle mit „Bobby" unterschrieben. Neun Monate später war der Zwerg – mit Sonnenbrille und Reisetasche versehen – wieder da. Zwei junge Weltenbummler aus Hutton gaben fröhlich zu, Bobby den Urlaub spendiert zu haben.

(Treff)

FREI AUF ZWEI RÄDERN!

In den Ferien bin ich viel und lang mit dem Velo unterwegs, in verschiedenen Ländern.

Ich denke, in unserer Zeit kann man nur zu Fuß oder mit dem Velo ein Land erfahren. Darunter verstehe ich:

Du musst den Regen auf der Haut spüren, spüren, wie der Wind in den Haaren zerrt, und du musst das Land riechen. Nicht in einem Bus sitzen und die Ausdünstungen deiner Nachbarn einatmen. Auf dem Velo hat man überhaupt keine Probleme, mit den Einheimischen in Kontakt zu kommen. Im Gegenteil, man wird angesprochen: Hier gibt es eine sportliche Leistung zu akzeptieren.

Für mich bedeutet Freiheit: ungebunden sein, sich nur nach den Launen der Natur zu richten, für das Spontane immer offen sein.

Was ich bis jetzt auf meinen Reisen erfahren habe: Wenn man lange Zeit in der Natur unterwegs ist, bekommt man eine richtige innere Ruhe. Da kann es regnen, schneien oder hageln. Man kann Pannen haben, Zug, Flugzeug oder Fähre verpassen – es kann einen nichts mehr erschüttern. Denn irgendwie wird es schon weitergehen. Ich meine, dass es für viele ein größeres Problem ist, irgendwohin zu gehen, als nach Hause zu kommen!

(ticket)

LESETEXTE

BIST DU EIN „SANFTER TOURIST", HANDELST DU VERANTWORTLICH?

Teste dich!

	stimmt nicht 1 Punkt	stimmt ein wenig 2 Punkte	stimmt überwiegend 3 Punkte	stimmt zu 100% 4 Punkte
Bei der Reise bevorzuge ich umweltfreundliche Verkehrsmittel. Ich interessiere mich für die Sichtweise und Situation der Einheimischen, ich verhalte mich ihnen gegenüber vorurteilsfrei und bin bereit, mich der gastgebenden Bevölkerung anzupassen.				
Ich informiere mich vor der Reise über Leben, Kultur und Landschaft der Region/des Reiselandes.				
Ich habe Interesse daran, die Region, das Land, die Städte, die Landschaft selbständig zu erkunden.				
Bei Freizeitbeschäftigungen (z.B. Natursportarten wie Kanu-, Fahrradfahren, Skilaufen) achte ich darauf, dass meine Aktivitäten die Natur nicht belasten.				

Auswertung

13-16 Punkte: Entweder hast du geschummelt oder du bist es bereits: Eines der bisher noch seltenen Exemplare des „Sanften Touristen" mit einem hohen Maß an Verantwortungsbewusstsein gegenüber der Natur bzw. Mitwelt.

5-12 Punkte: Du bist auf dem richtigen Weg. Eigentlich bist du schon ein recht verantwortungsbewusster Tourist, denn der optimale Tourist, wie er hier gefordert wird, ist ein Ideal. Du solltest aber versuchen, diesem Ideal noch ein bisschen näher zu kommen.

unter 5 Punkten: Du gehörst eindeutig zur Mehrheit der Touristen, die nach dem Prinzip „Just for fun"* handeln. Wir sind der Meinung, dass man auf der Welt Urlaub heute nicht mehr so „durchziehen" kann.

(extra/tour)

*Just for fun (engl.): einfach aus Spaß

LEKTION 12

Wenn das Taschengeld nicht reicht

A | Ferienjobs

1. Möglichkeiten, das Taschengeld aufzubessern
Sammelt Jobs, die Schüler und Studenten oft in den Ferien machen.

2. Habt ihr alles verstanden?
Lest die Texte und beantwortet anschließend die Fragen.

Viele Schüler und Studenten jobben in den Ferien. Fest angestellte Mitarbeiter sind im Urlaub, die Produktion läuft nicht mit voller Kraft – da stellen manche Betriebe Mädchen und Jungen ein, die sonst die Schulbank drücken. Es gibt aber auch Schüler, die arbeiten müssen. Sie verdienen sich ihren Lebensunterhalt selbst.

ANJA 20 Jahre

„Mir gefällt, dass ich draußen mit dem Fahrrad unterwegs bin. Das ist schöner, als im Büro zu sitzen. Ich habe nette Kollegen und bin oft schon um 13.00 Uhr mit der Arbeit fertig. Dann habe ich noch viel Freizeit."

Anja muss sehr früh aufstehen. Sie arbeitet als Briefträgerin bei der Post. Schon um 6.00 Uhr sortiert sie Briefe, die sie dann mit dem Postfahrrad austrägt. „Ich habe einfach angerufen und den Job bekommen", erzählt sie. „Zwei Wochen lang hat mich ein Briefträger auf der Tour begleitet und mir alles erklärt. Die ersten drei Tage habe ich gedacht, dass ich es nicht schaffe. Jetzt mache ich die Arbeit schon seit zwei Monaten allein." Anja möchte Nachrichtentechnik studieren. Ein Praktikum hat sie auch schon bei der Post gemacht. „Das hatte aber nichts mit meinem jetzigen Job zu tun. Den mache ich nur, weil ich Geld verdienen will. Das Geld brauche ich für mein Studium. Außerdem möchte ich bald von zu Hause ausziehen und eine eigene Wohnung haben. Der Umzug ist natürlich teuer."

LEKTION 12

„Ich habe am Wochenende noch genug Zeit, um schwimmen zu gehen und mich zu erholen. Außerdem kann ich das Geld gut gebrauchen: zum Beispiel für meinen Führerschein oder für neue Kleider."

Claudia hängt Blusen und Hosen auf Kleiderständer, schreibt Preise auf Etiketten und berät Kunden. Seit fünf Wochen jobbt sie in der Modeabteilung eines Warenhauses. „Ich möchte später im Hotel oder als Reiseverkehrsfrau arbeiten. Vielleicht werde ich auch studieren." 'Verkäuferin' ist nicht ihr Berufsziel. „Ich will später etwas Anspruchsvolleres machen." Jetzt macht ihr der Job jedoch Spaß. „Ich habe sehr nette Kolleginnen, die mir bei Problemen helfen." Den Job hat ihr ein Bekannter vermittelt. Dass sie in den Ferien arbeiten muss, findet sie nicht schlimm.

(JUMA)

CLAUDIA 17 Jahre

	Anja	Claudia
Wie ist sie zu dem Job gekommen?	_____	_____
Wo arbeitet sie?	_____	_____
Seit wann jobbt sie?	_____	_____
Was gehört zu ihrer Arbeit?	_____	_____
Was findet sie gut an dem Job?	_____	_____
Wann hat sie Freizeit?	_____	_____
Wofür braucht sie das Geld?	_____	_____
Was sind ihre späteren Absichten?	_____	_____

3. Indra und Markus

a) Hört die Interviews mit den zwei Jugendlichen. Ergänzt dann die fehlenden Wörter in den zwei Berichten.

Markus macht Popcorn. Er verzichtet auf Freibad und Ferienspaß. Stattdessen steht er in einem bunt bemalten _____ und füllt Popcorn in Tüten oder verkauft Zuckerwatte. Manchmal 11 Stunden am Tag. Jeden Morgen muss der Knabe früh _____. Denn er wohnt in Bad Münstereifel, und sein Arbeitsplatz, der Erlebnispark Fanthasialand, ist dreißig Kilometer entfernt. Sein _____ Peter nimmt ihn im Auto mit. Um neun Uhr öffnet der Park. Bei gutem _____ bleiben einige Gäste bis zur letzten Minute. Wenn die beiden nach Hause kommen, sind sie meistens _____ .

Peter hatte Markus von dem Job _____. Markus schickte eine schriftliche Bewerbung. Die Antwort war positiv: Er durfte sich vorstellen. Zuerst machte er eine kurze Schulung. Dann bekam der Teenager seinen _____ in dem Popcorn-Wagen. Dem Jungen _____ die Arbeit. Viele Besucher fragen ihn auch nach einzelnen Attraktionen des Parks. Dann gibt der Sechzehnjährige freundlich und selbstsicher Auskunft.

Indra hat gerade _____ gemacht. Ihr Berufswunsch: „Irgendwas mit Werbung oder Öffentlichkeitsarbeit." Darum hat sie in verschiedenen Pressestellen _____. Eigentlich wollte sie einen Ferienjob, um sich zu orientieren. Sie hatte Glück: Man bot ihr ein richtiges _____ an. Das läuft über mehrere Wochen. Man zeigte ihr die verschiedenen Arbeitsgebiete. Erst saß sie am Telefon, beantwortete schriftliche Anfragen und verschickte _____. Nun soll sie auch noch den Umgang mit dem Computer lernen. Das ist mehr wert als ein einfacher Job, findet sie.

Jobben, um Geld zu verdienen – das hat Indra während der ganzen Schulzeit gemacht, denn abends _____ ist teuer. Und außerdem möchte sie sich ein Auto kaufen. Da kann sie das _____ gut gebrauchen. Doch das Praktikum in der Pressestelle ist mehr als ein Job zum Geldverdienen. Indra hofft, dass sie im Herbst eine _____ Stelle bekommt. „Bis dahin kann ich ja noch einige Erfahrung _____", meint sie.

b) Suche die Wörter aus den Texten heraus, die die Namen der beiden Jugendlichen ersetzen.

Markus	Indra
_____	_____
_____	_____

c) Es gibt Wörter, die einen Text zusammenhalten. Ihre Funktion ist z. B. vor- oder zurückweisen. Suche solche Wörter aus den Sätzen raus.

4. Eigene Erfahrungen

Hast du schon mal in den Ferien gearbeitet? Wenn ja, was? Wie hast du die Arbeit gefunden? Welche Erfahrungen hast du gesammelt?

Ich habe als _____ gearbeitet.
bei _____ gearbeitet.
Ich musste _____ .
Meine Aufgabe war, _____ zu _____ .
Es war schwer, _____ zu _____ .
  leicht
  interessant
  neu für mich
  _____
Den Job hat mir _____ vermittelt.

LEKTION 12

B | Arbeitsvermittlung

5. Auf Jobsuche
Wie würdet ihr nach einem Ferienjob suchen? Welche Möglichkeiten gibt es?

6. JOB

a) JOB – so heißt die Zeitarbeit-Vermittlung des Arbeitsamtes in Deutschland. Was meint ihr, was bedeutet Zeitarbeit?

b) Robin und Marion suchen einen Job. Hört die Interviews und die Gespräche mit den Mitarbeiterinnen des City-Büros von JOB. Tragt die Informationen in die Tabelle ein.

	Robin	Marion
Arbeitsdauer bzw. Arbeitszeit	_____	_____
Arbeitsart	_____	_____
Problem	_____	_____
Nicht gewünscht	_____	_____

7. Die Mitarbeiterinnen von JOB

Hört euch an, was die Mitarbeiterinnen von JOB über die Arbeit des City-Büros erzählen. Füllt anschließend das Diagramm aus.

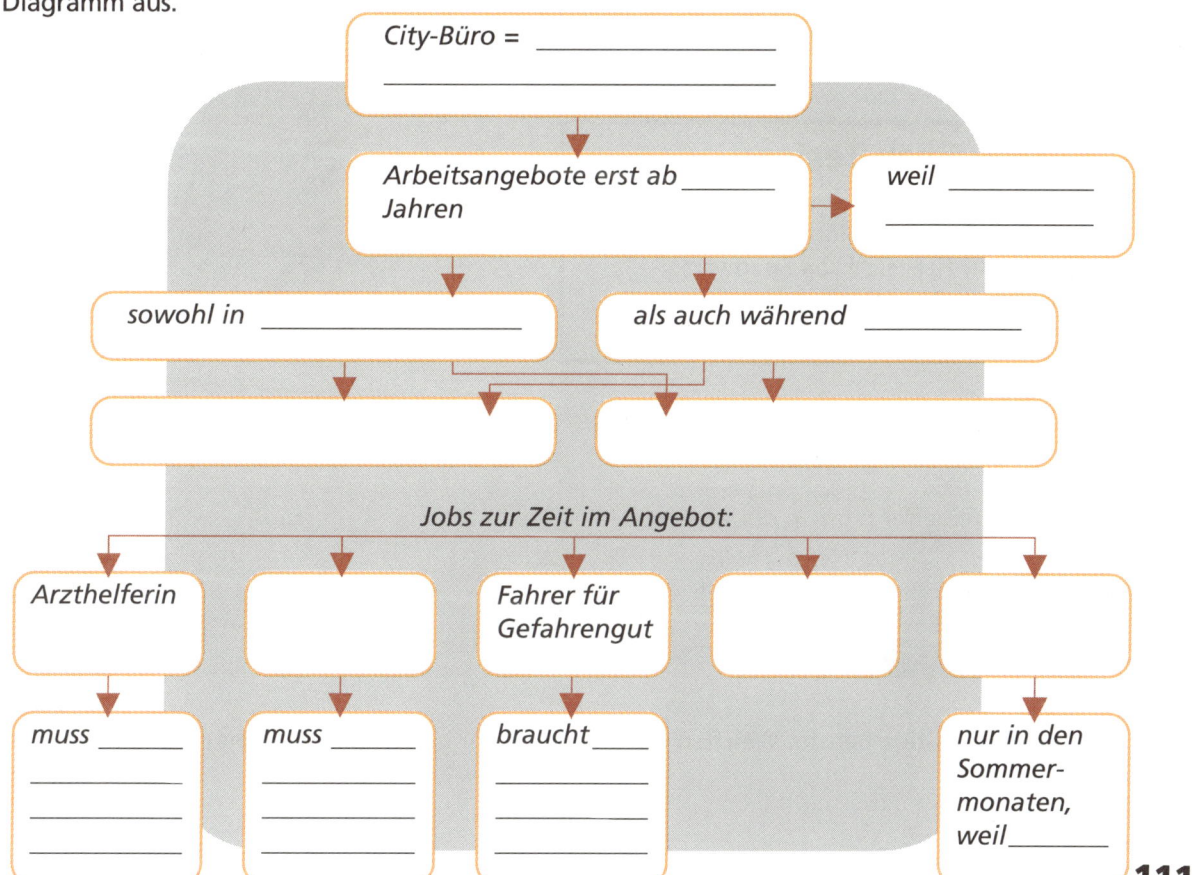

111

8. Merkwürdige Jobangebote

In einem Job-Vermittlungsbüro gibt es meistens eine Pinnwand. Das ist eine Tafel, an der die Jobangebote hängen. An der folgenden Pinnwand findet ihr allerdings merkwürdige Berufe.

> **LESETIPP**
>
> *Das sind Anzeigen. Sie enthalten nur die wichtigsten Informationen, deshalb musst du hier alles verstehen. Überlege dir vor dem Lesen, welche Informationen wohl in dieser Situation wichtig sind. Die Bedeutung der unbekannten Wörter und der Abkürzungen kannst du meistens aus dem Kontext erraten.*

Hundefriseur-Helfer
Lohn: DM 10.-/Std.
Fell waschen, kämmen, föhnen
ab sofort
Alter: 17-30
Betriebsart: Hundefriseur-Salon
Arbeitszeit: 10 Tg mtl. 9-12 u. 13-18 Uhr

Reiszähler
Lohn: DM 10.-/Std.
Reis lesen, waschen, kochen, in Portionen verteilen
ab sofort
Alter: 15-25 bzw. Rentner. Betriebsart: Chinesisches Restaurant. Arbeitszeit: Vollzeit

Fußball-Tester
Lohn: DM 12.-/Std.
Fußball spielen. Ab sofort. Alter: 15-25
Betriebsart: Hersteller von Sportwaren
Arbeitszeit: 15 Tg. mtl. 10-12 u. 14-16 Uhr

a) Überlegt euch, welche Kenntnisse und Fähigkeiten zu diesen Berufen erforderlich wären.

Ein Hundefriseur-Helfer	muss in der Lage sein_____	zu _____ .
Reiszähler	soll fähig sein_____	zu _____ .
Fußball-Tester	darf (nicht)_____ .
	kann _____ .

b) Erfindet weitere lustige Berufe. Welchen davon würdet ihr gern machen/nicht machen, wenn es diesen gäbe? Warum?

9. Nikolaus gesucht

Was könnte in der folgenden Anzeige stehen?

Nikolaus

_____

Lohn: _____

Alter: _____

Betriebsart: _____

Arbeitszeit: _____

10. Lehrstoff für den Nikolaus

Wer seinen Job gut machen will, sollte vorher einen Lehrgang besuchen. Was meint ihr, was lernt ein angehender Nikolaus auf dem Lehrgang?

NIKOLAUS-
LEHRGANG

Besonders professionell geht es beim Arbeitsamt Wiesbaden zu, wo „Nikolaus-Lehrgänge" angeboten werden. Dort erhalten die Aspiranten[1] auch zahlreiche Tipps: „Den Wagen sollte man nicht ausgerechnet vor der Haustür der Kunden parken", meint der 30 Jahre alte Torsten Heinrich. „Sonst schauen die Kinder zum Fenster heraus, um nach dem Rentier-Schlitten zu gucken, und sind enttäuscht, wenn man hinterher ins Auto steigt. Die Aktion läuft unter dem Motto „Ein roter Mantel macht noch lange keinen Nikolaus".

Interessenten sollen dabei nicht nur lernen, sich zu verkleiden. Sie müssen auch seelisch auf einiges vorbereitet werden. Im vergangenen Jahr hat ein junger Mann den Nikolaus-Job nach dem ersten Termin enttäuscht aufgegeben, weil ein Kind lautstark verkündet hatte: „Es gibt gar keinen Nikolaus". Danach musste Heinz Schneider, Mitarbeiter vom Arbeitsamt, auf die Schnelle als „Ersatzweihnachtsmann" für die anderen Aufträge einspringen.

Hauptsächlich Studenten arbeiten als Nikolaus, aber auch viele „normal Erwerbstätige[2]" fänden ihren Spaß an den Hausbesuchen, berichtet die Leiterin des Arbeitsamtes, Sabine Reil. „Spaß machen muss es den Weihnachtsmännern, wegen des Geldes braucht niemand zu kommen." Reil hat die Nikolaus-Vermittlung 1985 eingeführt, inzwischen gibt es viele Stammkunden. Der jüngste Nikolaus war 20 Jahre alt, der älteste Mitte Fünfzig. Auch eine Nikolausfrau gibt es inzwischen. Aber die werde nicht allgemein akzeptiert, stellt Reil fest. „Ich habe eine zu hohe Stimme, die muss ich verstellen", weiß Ivonne Schramm, die als „Weihnachtsfrau" im vergangenen Jahr nur zufällig für einen Kollegen eingesprungen war. Dieses Jahr will sie dennoch mehr Termine wahrnehmen.

„Es ist wichtig, vorher mit dem Kunden zu sprechen", sagt Reil. Da stellen sich die Erwartungen[3] an den Nikolaus heraus, denn es seien nicht immer die Kinder, die besucht werden wollen. Einmal sei der 20 Jahre alte Nikolaus bei der weihnachtlichen Überraschung eindeutig der jüngste gewesen – die „Kinder" waren schon Mitte Zwanzig. Eine Gewissheit[4] ergibt sich aus der gesammelten Berufserfahrung der Wiesbadener Nikoläuse: Bis sie fünf Jahre alt sind, glauben die Kinder wirklich, da sei gerade jemand vom Himmel gekommen und durch den Schornstein direkt in ihr Haus gerutscht.

LESETEXTE

Jobs – DARAUF SOLLTEST DU ACHTEN

Jobs sind eine gute Möglichkeit, sein Taschengeld aufzubessern, oder auch den kleinen Traum zu erfüllen, für den es von den Eltern kein Geld gibt. Außerdem ist es eine gute Möglichkeit, einmal in die Arbeitswelt hineinzuschnuppern, eigene Erfahrungen zu sammeln. Hier ein paar Tipps und Hinweise.

PLANUNG Willst du regelmäßig ein paar Mark mehr haben, oder brauchst du einen größeren Betrag für eine Anschaffung, Urlaub usw.? Sich ein Jahr nebenbei abrackern* und dann das Geld für den Computer doch nicht zusammenkriegen, macht keinen Sinn. Dann lieber die Freizeit für Freunde, Sport, Schule (oder sonst was) nutzen und stattdessen rechtzeitig einen gut bezahlten Ferienjob für 3 Wochen suchen, bei dem genug rausspringt.

ZEIT Der Job muss ein Nebenjob bleiben. Wenn am Ende nur Stress mit Eltern, Schule oder Clique steht, weil du vor lauter Jobben keine Zeit mehr hast, nützt dir auch die Knete* nichts. Also überleg' dir vorher, ob der Job nebenher zu erledigen ist, wie viel Zeit du brauchst und vor allem auch, wann du sie brauchst. Wenn das klar und geregelt ist, wirst du auch deine Eltern besser überzeugen (und beruhigen) können.

GELD Jobben heißt immer, Kompromisse zu machen und manchmal auch miese Arbeiten zu erledigen. Außerdem ist es nicht leicht, Jobs zu finden. Aber: Du und deine Arbeit sind etwas wert und sollten angemessen bezahlt werden. Verhandeln ist angesagt und vielleicht auch einmal Neinsagen, wenn das Angebot zu weit unter deinen Vorstellungen liegt. Aber du solltest dir überlegen, ob es für Arbeit nicht auch einen anderen Gegenwert als Geld gibt. Ein etwas schlechter bezahlter Job in einem Altenheim bringt dir persönlich vielleicht mehr als eine Menge Knete. Neue Erfahrungen machen, andere Lebensbereiche kennen lernen, mit anders denkenden Menschen in Kontakt kommen, verschiedene Fähigkeiten ausprobieren kann dir große Vorteile bringen: zum Beispiel, wenn du eines Tages eine Lehrstelle oder einen Arbeitsplatz suchst.

ELTERN Bevor du nicht 18 bist, stehst du ohne die Erlaubnis deiner Eltern ziemlich im Regen*. Viele Eltern finden es gar nicht gut, wenn ihre Kinder nachmittags im Supermarkt Kisten stapeln wollen. Überzeugungsarbeit ist notwendig! Wenn deine Eltern nachvollziehen können, warum du mehr Geld haben möchtest, fällt es ihnen leichter, die Erlaubnis zu geben. Eltern haben auch Angst, dass etwas passieren könnte, dass die Schule unter dem Job leidet, dass du kaum noch zu Hause bist. Zeig' ihnen, was du machen möchtest, sprich mit ihnen über deine Zeiteinteilung! Vielleicht achtest du bei der Auswahl des Jobs schon ein bisschen darauf. Du kennst deine Eltern und weißt bestimmt, wann du auf absolute Ablehnung stoßen würdest.

JOBSUCHE Die Konkurrenz ist groß, Jobs werden von vielen gesucht. Du findest sie z.B. über die Kleinanzeigen in Tageszeitungen oder Wochenblättern. Allerdings – dort suchen auch alle anderen. Einfallsreichtum, Eigeninitiative und ein bisschen Mut sind angesagt: Lauf doch einmal ein paar Tage in deinem Stadtteil herum und klappere alle Geschäfte, Firmen usw. ab*. Oft hängen Schilder draußen „Suchen Schüler für …", in Supermärkten gibt es manchmal Pinnwände mit Suche-/Biete-Zetteln, oder du bist ganz mutig, klingelst und fragst: Vielleicht braucht der Steuerberater von nebenan ja zufällig einen Büroboten. Ein Job im eigenen Stadtviertel ist unter Umständen besser als einer am anderen Ende der Stadt: kein Zeit- und Geldverlust durch Fahrten, und deine Eltern sind auch beruhigt, weil du nicht allzu weit von zu Hause jobbst.

(Jetzt oder nie)

---

* s. abrackern: s. abarbeiten
* e Knete: (umgs.) s Geld
* im Regen stehen: mit seinen Problemen allein sein
* abklappern: der Reihe nach aufsuchen

LEKTION 13

Wie war dieses Jahr?

A | Ereignisse in diesem Jahr

1. Was ist passiert?

Denkt über die folgenden Fragen nach. Diskutiert darüber und begründet eure Antworten.
Passt auf! Manches könnt ihr mit treffenden Adjektiven ergänzen.

Ausland

das _____ Ereignis des Jahres: _____

das bedeutendste Ereignis des Jahres: _____

der _____ Politiker des Jahres: _____

der populärste Politiker des Jahres: _____

Inland

das erfreulichste politische Ereignis des Jahres: _____

das schmerzlichste politische Ereignis des Jahres: _____

der sympathischste Politiker des Jahres: _____

der _____ Politiker des Jahres: _____

die _____ Demo des Jahres: _____

Rockszene

die beste heimische CD des Jahres: _____

die _____ ausländische CD des Jahres: _____

das beste Konzert des Jahres: _____

die beste Band des Jahres: _____

Sport

der _____ Sportler des Landes: _____

der beste Sportler der Welt: _____

das _____ Sportereignis: _____

das peinlichste Sportereignis: _____

die beliebteste Sportart des Jahres: _____

Sonstiges

_____
_____
_____
_____
_____
_____

Kultur

das interessanteste Ereignis des Jahres: _____

das _____ Buch des Jahres: _____

die beste Theateraufführung des Jahres: _____

der beste Film des Jahres: _____

der _____ ausländische Film des Jahres: _____

die ungewöhnlichste Ausstellung des Jahres: _____

das _____ Fernsehprogramm des Jahres: _____

das mieseste Fernsehprogramm des Jahres: _____

der sympathischste Fernsehstar des Jahres: _____

der _____ Fernsehstar des Jahres: _____

2. Spannende Ereignisse

Was für Ereignisse sind auf den Fotos abgebildet? Welches Foto gefällt euch am besten?

Sammelt in Zeitungen und Illustrierten Fotos zu interessanten Ereignissen im vergangenen Jahr in eurem Land. Schreibt auch kurze Texte dazu.

DIE Fotos DES JAHRES

Auch ein Fotopreis von Schülern wird vergeben

Jedes Jahr im Jänner und Februar treffen über 30.000 Fotos in den Niederlanden ein. Sie kommen aus Europa und Afrika, Amerika und Asien und aus dem entfernten Australien.

Sie tragen alle dieselbe Adresse: WORLD PRESS PHOTO, Amsterdam.

Aus der ungeheuren Anzahl von Bildern wählt eine internationale Jury jährlich die 200 besten aus.

Was ein „Oscar" für den Film oder ein „Grammy" für Musiker ist, das bedeutet der Titel „World Press Photo of the Year" für Pressefotografen.

Eine Ausstellung der besten Pressefotografen spiegelt natürlich auch die Probleme auf unserer Erde wider. Eindringlich[1] zeigen die Bilder das Gesicht des Krieges, Hungersnöte und Naturkatastrophen.

Ein eigener Fotopreis wird von Schülern vergeben. Die Geburtsstunde der Kinderjury war 1983, als Schüler in einem Brief an „World Press Photo" schrieben, dass sie „statt Mord und Tod auch einmal ein positives, hoffnungsvolles Bild als Foto des Jahres" sehen möchten.

Seither sind jedes Jahr auch neun Kinder nach Amsterdam eingeladen. In vier Bereichen (Neuigkeiten, Alltag, Natur und Umwelt, Sport) wählen sie ihre „Fotos des Jahres".

1996 sichteten[2] die Kinder aus Ungarn, Finnland, Frankreich, England, Deutschland, Puerto Rico, Belgien, den Niederlanden und Israel 350 Bilder, beurteilten und berieten völlig unabhängig und ohne irgendeinen Einfluss von Erwachsenen.

(Topic)

3. Eure Fotos des Jahres

Bringt Fotos, die ihr selbst gemacht habt, oder Bilder aus Zeitungen mit. Stellt sie in der Klasse aus. Bildet dann eine Jury und diskutiert über die Bilder.

Denkt auch darüber nach:
- Was könnte ein Ausländer nicht verstehen? Wo brauchte er eine Erklärung?
- Wie könnte man die Bilder nach Themen gruppieren?

4. Ereignisse, über die man den Kopf schütteln kann

a) Sammelt Kuriositäten, die in diesem Jahr (in eurem Land) passiert sind.
Dazu einige Anregungen aus aller Welt:

■ Immer mehr Bäume leiden unter Hunde-Urin. Stark frequentierte Straßenbäume müssen täglich bis zu zehn Liter Urin ertragen.

■ Die meisten Jugendlichen in Großbritannien kennen nur drei der biblischen Zehn Gebote. Sie fordern zugleich eine moderne Version der Zehn Gebote: „Du sollst kein Rassist sein", „Du sollst dich um die Umwelt kümmern", oder „Du sollst keine Drogen nehmen".

■ Das New Yorker Television Food Network bringt rund um die Uhr Esssendungen. Die Teleköche verraten darin exquisite Küchenkenntnisse. Titel einer Folge: Wie man Wasser kocht.

■ Zwei Wochen sucht ein Lehrer aus Bremen sein Auto – vergebens. Ein 16 Jahre alter Schüler hat den Schlüssel gestohlen, eine Spritztour unternommen und anschließend das Fahrzeug in einem Hafenbecken versenkt.

■ Eine Zweijährige verbringt sechs Stunden bei minus 22 Grad vor dem Haus der Eltern. Als die Mutter sie am Morgen findet, ist sie steif gefroren. In der Klinik wird sie aufgetaut, und plötzlich beginnt das Herz wieder zu schlagen. Die Ärzte haben eine einfache Erklärung für das Wunder: Der Körper sei gefroren, bevor das Gehirn ins Koma fiel.

■ Nach Angaben der UNICEF haben in den vergangenen Jahren rund 200 000 Kinder und Jugendliche an Kriegen teilgenommen.

■ Eine britische Brauerei bietet Bier mit Schokoladengeschmack an.

■ Computerhacker dringen in die Datennetze des amerikanischen Verteidigungsministeriums ein.

■ Nachdem in den letzten Jahren mehr als siebentausend Ausstellungsstücke aus dem archäologischen Museum in Neapel geklaut worden sind, beschlagnahmt die Polizei die restlichen Exponate und schließt das Gebäude.

■ Eine Firma in Cleveland bringt ein Gerät auf den Markt, mit dem in jedem Gebäude heimliche Raucher ertappt werden können. Es ist hundertmal so empfindlich wie ein Feuermelder und spult bei Aktivierung ein Tonband mit Gesundheitshinweisen ab.

■ Ein Reisebüro plant Pauschalreisen auf den Mond. Mehr als sechshundert Leute melden sich an.

(SZ-Magazin)

b) Was meint ihr, was könnte man über das vergangene Jahr/Schuljahr unter dem gleichen Titel erwähnen? Stellt mindestens „10 gute Gründe" zusammen.

B | Ereignisse in meiner Familie

5. Familienfotos
Berichtet über Ereignisse in eurer Familie. Bringt auch Familienfotos mit.

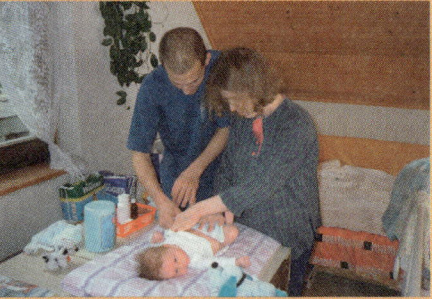

6. Persönliches

SCHREIB'S AUF

Ihr könnt auch in einem Brief eure Freunde, Bekannten informieren oder in einem Tagebucheintrag wichtige Familienereignisse festhalten.
Als Anregung lest die Geschichte eines Tages aus Luises Tagebuch.

23. 8. Heute war ein besonderer Tag. Ich hatte nämlich Geburtstag. Nun bin ich zwölf Jahre alt. Schon lange wollte ich zwölf sein, und nun ist es endlich soweit. Ein richtig komisches Gefühl ist das! BoBo, also mein Vater, hat heute morgen Frühstück gemacht. „Ein Geburtstagsfrühstück für meine Große", sagte er. Am Nachmittag kamen dann die Verwandten. Das Schönste ist immer, wenn Oma zu meinem Geburtstag kommt, die hat meistens die besten Geschenke. Diesmal hatte sie allerdings etwas sehr Seltsames für mich: ein Tagebuch. Oma sagte, ich könnte in dieses Buch alles schreiben, was ich sonst keinem erzählen will, und meine Tante, sie ist Lehrerin, sagte darauf, daß ich jetzt wohl auch bald in diese „Phase" käme. – Wenn ich ehrlich sein soll – eigentlich weiß ich gar nichts, was ich keinem anderen erzählen will. Ich will meistens alles erzählen. Deswegen habe ich auch jetzt erst einmal aufgeschrieben, was heute so alles passiert ist, selbst wenn das nicht so geheim ist. Vielleicht passiert ja bald etwas Geheimes.

(aus: Simone Schneider: Luises Tagebuch oder die Geschichte vom Ei)

C | Ereignisse in meiner Schule

Jahreschronik der Klasse _____
Schule: _____
Schuljahr: _____

Datum	Ereignisse, Aktivitäten
September	_____
Oktober	_____
November	_____
Dezember	_____
Januar	_____
Februar	_____
März	_____
April	_____
Mai	_____
Juni	_____

*Abitur
(schriftlich / mündlich)
Anmeldung für …
… -ausstellung
Besuch in …
Entlassungsfeier
Eröffnungsfeier
Halbjahreskonferenz
Konzert
Osterferien
Schiferien
Schulball
Schulbeginn
Schüleraustausch mit …
Schulfete
Schulsportfest
Sommerferien
Theaterbesuch
unterrichtsfrei
Wahl der Schülervertreter
Wandertag
Weihnachtsfeier
… -wettbewerb
Zeugnisverteilung*

WORTSCHATZ

Das war 200...

Ereignisse in der Welt und in deinem Land

Politik

wählen
ernennen
e Partei
siegen – verlieren
e Regierung
demonstrieren
streiken
einführen – abschaffen
...

Kunst und Kultur

erscheinen
aufführen
ausstellen
ein Festival veranstalten
Jubiläum feiern
auszeichnen
...

Natur und Umwelt

e Expedition
r Naturschutz
...

Rockszene

auftreten
auf Tournee sein
s Konzert
r Star
e Band
...

Krieg und Frieden

einen Krieg verhindern
s Militär
kämpfen
schießen
zerstören
fliehen
e Abrüstung
...

Lebensverhältnisse

e Inflation
r Aufschwung
e Armut – r Reichtum
r Wohlstand
...

Sport

r Weltmeister
zum Weltmeister werden
r Wettkampf findet in ... statt
e Europameisterschaften
eine Medaille gewinnen
...

Unglück / Katastrophen

r Brand
s Hochwasser
r Sturm
s Erdbeben
ums Leben kommen
obdachlos werden
...

Wissenschaft und Technik

erfinden
entdecken
s Experiment
...

DEUTSCH LERNEN

Wie hat dir unser Lehrwerk *Deutsch mit Grips* gefallen?
Jetzt kannst du die einzelnen Teile benoten.

	Note	Meinung
Kursbuch	_____	_____
Arbeitsbuch	_____	_____
Kassette/CD	_____	_____
Texte	_____	_____
Übungen	_____	_____
Projekte	_____	_____
Grammatikteil	_____	_____
Zeichnungen	_____	_____
Fotos	_____	_____
Lieder	_____	_____

Welches Thema/Welche Lektion hast du besonders interessant gefunden?
_____

Und welches gefällt dir gar nicht?
_____

Welchen Text hast du interessant gefunden?
_____

Und welcher ist deiner Meinung nach langweilig?
_____

Wo hast du die meisten Fortschritte gemacht? Was kannst du jetzt besser?
_____

Und wo liegen deine Schwächen?
_____

Wie hast du dich zu Hause auf die Deutschstunden vorbereitet? Was hast du gemacht?
_____

QUELLENVERZEICHNIS

Quellennachweis: Texte

S. 13 Hans Adolph Halbey, Urlaubsfahrt. Aus: Hans-Joachim Gelberg (Hrsg.), Menschengeschichten, 1975 Beltz Verlag, Weinheim und Basel, Programm Beltz & Gelberg, Weinheim
S. 13 Ein Tag wie jeder andere. Aus: Das Hirschgraben Lesebuch. Cornelsen Verlag, Frankfurt/M. 1990
S. 14 A new face. Aus: Der Wurm (Schülerzeitung der Rudolf-Hildebrand-Schule/Gymnasium Markkleeberg) Jg. 1 Ausgabe 2
S. 14 Schule international. Aus: Alea iacta est (Schülerzeitung des Willi Graf Gymnasiums Saarbrücken) Nr. 14/92
S. 15 Mein Tag. Nach: Marita Pletter/Die Zeit Nr. 27 1. Juli 1994
S. 18 Die Igelmutter aus Dortmund. Nach: Süddeutsche Zeitung 17/18 November 1984
S. 19 Lexikoneintrag „Igel" aus: Duden Schülerlexikon. Dudenverlag Mannheim-Wien-Zürich, 4. neubearb. Auflage 1985
S. 23 Elefanten-Dressur. Aus: JUMA 3/93
S. 23 Adler stoppen Straßenbau. Aus: JUMA 4/93, S. 43
S. 24 Papagei verjagt Einbrecher. Aus: JUMA 3/91, S. 4
S. 24 Können Katzen malen? Nach: Topic 6/Februar 1995
S. 24 Goldfisch beim Zahnarzt. Aus: Rolf W. Brednich, Die Spinne in der Yucca-Palme, Beck'sche Reihe Nr. 403, Verlag C.H.Beck, München
S. 26 Kleider machen Leute. Aus: JUMA 1/97
S. 29 Hose der Goldsucher, Cowboys und Arbeiter. Nach: Alea iacta est Nr. 14/92
S. 31 Ist grün Mode ... Aus: Jugendliche Gedanken zur Zeit, 1991-1993, Musenalp Express
S. 32 Was ist eigentlich deine Lieblingsfarbe? Aus: Hit! Love Diary 1997, S. 88., Attic Futura Verlags GmbH
S. 34 Wolf Biermann: Kleinstadtsonntag. Aus: Alle Lieder. © 1991 by Verlag Kiepenheuer & Witsch, Köln
S. 36 Einmal Ballboy für Boris. Nach: Informationszeitung der Berufsberatung 4. Juni 1994
S. 38 Hobbys. Nach: Specht Nr. 4/1990 und Nr. 2/1991
S. 40 Wählen Sie Ihren persönlichen Freizeitbetreuer. Aus: Jahresbericht GRG IV 1990/91, Wiedner Gürtel 68
S. 42 Keine Zeit für Hobbys. Aus: Popcorn
S. 44 Texte nach: Läbig, das andere Jugendmagazin, 7-8/1995
S. 46 Meinungen nach: Topic 2. Mai 1994
S. 47 Computer-Fantastereien. Nach: Chance 5. Jg. Dezember 1995
S. 48 Brigitte Peter, Ufo. Aus: Hans-Joachim Gelberg (Hrsg.), Am Montag fängt die Woche an. 1973 Beltz Verlag, Weinheim und Basel, Programm Beltz & Gelberg
S. 51 Bild-Sprach-Spiel. Nach: Paul Maar, Bild-Sprach-Spiel aus: Dann wird es wohl das Nashorn sein, Gulliver Taschenbuch, Beltz Verlag, Weinheim und Basel, Programm Beltz & Gelberg
S. 51 Lutz Rathenow, Entwicklung. Aus: Lutz Rathenow, Der Himmel ist heut blau, © Middelhauve Verlags GmbH, München für Der Kinderbuch Verlag Berlin
S. 51 Kombi-Wörter. Aus: Läbig, das andere Jugendmagazin, 4/95
S. 52 Rätsel, Rätsel, Rätsel. Aus: Klaus Ensikat/Günter Saalmann, Füchse, Fez und Firlefanz. © 1992 by Rowohlt Taschenbuch Verlag GmbH, Reinbek
S. 52 Rätsel. Aus: Herbert Lehmann, Wortspielwitz und Rätselspaß, Arena Verlag 1995
S. 52 Monopoly im Internet. Nach: TOPIC Jänner 1996
S. 54 Irmela Wendt, Wie Schule sein soll. Aus: Gemeinsam sind wir unausstehlich. Geschichten rund um die Schule. Herder Verlag Wien, 1993
S. 55 Der Schulschwänzertag. Aus: Wir bauen Europa, Bad Marienberg, Mai 1992
S. 58 Verhaltensregeln für Lehrer. Aus: Specht (Schülerzeitung der Augustiner-Realschule Hillesheim) 4/1990
S. 59 Schülerlexikon. Aus: Specht 2/89, 8/92, 2/93, 1/94
S. 62 Bücher. Aus: Das große Ravensburger Lexikon. © 1998 by Ravensburger Buchverlag Otto Maier GmbH, Ravensburg

S. 64 Prospekt der Internationalen Jugendbibliothek im Schloß Blutenburg in München, gezeichnet von Ali Mitgutsch
S. 66 Klappentext aus: Chance 2/95
S. 68 Fernsehfreie Tage in Waldau. Nach: Kommunale Jugendarbeit und Schule. Hrsg. Stadt Kassel Magistrat, April 1992
S. 70 Zeitung mit bewegten Bildern. Aus: Topic 5/95
S. 70 Wilder Westen aus dem Osten. Aus: JUMA 2/96
S. 72 Öko-Experiment. Aus: Jugendrotkreuz Jg. 45 Juni 1993
S. 75 Das Müllprojekt der Mittelschule Laussig. Nach: Fingerzeiger 2/93
S. 77 Der Berliner Reichstag als Kunstwerk auf Zeit. Nach: Felix Christiansen/Zeitschrift „Deutschland" 1/1995
S. 78 Das ökologische Jugendgästehaus „4 you". Nach: Süddeutsche Zeitung 14./15. August 1996
S. 80 Hans Manz, Auch andere Väter und Mütter sind Menschen. Aus: Hans-Joachim Gelberg (Hrsg.), Am Montag fängt die Woche an. 1973 Beltz Verlag, Weinheim und Basel, Programm Beltz & Gelberg
S. 82 Marie Luise Kaschnitz, Lange Schatten. Aus: Marie Luise Kaschnitz, Lange Schatten. Erzählungen. 1993 Claassen Verlag Hildesheim und München
S. 83 Hörtext: Marianne Arlt, Pubertät ist, wenn die Eltern schwierig werden. Aus: Tagebuch einer betroffenen Mutter, Herder/Spektrum Bd. 5077. Verlag Herder, Freiburg 15. Gesamtauflage 2000
S. 83 Christine Nöstlinger, Bei den Hottentotten. Aus: Christine Nöstlinger/Jutta Bauer, Ein und alles, 1992 Beltz Verlag, Weinheim und Basel, Programm Beltz & Gelberg
S. 85 Das Beste an meinen Eltern ist ... Aus: Saarbrücker Zeitung Nr. 246 22/23. Oktober 1994
S. 86 Verzettelte Familie. Nach: Spot. Jugendzeitschrift der jungen Kirche Nr. 128 März 1994
S. 87 Idole: Papa statt Popstar. Aus: Treff Heft 12/96 © OZ Verlag GmbH, 30926 Seelze
S. 88 Vorbilder. Nach: JUMA 4/94
S. 90 Gerhard Schöne: Fantasia. © Gerhard Schöne. Aus: Menschenkind. LC 6312 Buschfunk Berlin 1985/1995
S. 92 Hörtexte nach: JUMA 4/94
S. 93 Hier hab' ich meine Ruhe. Aus: JUMA 3/93
S. 94 Leserbriefe aus: JUMA 3/94
S. 95 Bertolt Brecht: Märchen. Aus: Gesammelte Werke in 8 Bänden. Bd. 5: Prosa 1. © 1967 Suhrkamp Verlag, Frankfurt a. M.
S. 96 Zukunftwerkstatt. Aus: extra/tour 6/97
S. 100 Die 9-Seen-Velotour. Nach: Jugi-Tours 95
S. 103 Aus: Broschüre Downtown Switzerland, Hrsg. Schweizer Jugendherbergen, 8042 Zürich
S. 104 Sauber und nett. Nach: Toaster Nr. 7-8 Sept. 1995
S. 105 Teddys reisen um die Welt. Aus: Treff Heft 6/96 © OZ Verlag GmbH, 30926 Seelze
S. 105 Gartenzwerge auf Weltreise. Aus: Treff Heft 6/96 © OZ Verlag GmbH, 30926 Seelze
S. 105 Frei auf zwei Rädern. Aus: Ticket 1/1994
S. 106 Bist du ein „sanfter Tourist", handelst du verantwortlich? Nach: extra/tour 3/95
S. 108 Texte über Anja und Claudia aus: JUMA 1/92
S. 110 Texte über Markus und Indra aus: JUMA 1/92
S. 115 Nikolauslehrgang. Aus: Chance 5. Jg. Dez./1994
S. 116 Jobs – darauf solltest du achten. Aus: Jetzt oder nie. Hrsg. Bundeszentrale für gesundheitliche Aufklärung, Köln
S. 120 Die Fotos des Jahres. Nach: Topic Nr. 9 Mai 1996
S. 121 1000 gute Gründe, den Kopf zu schütteln. Nach: SZ-Magazin Nr. 52/94
S. 122 Simone Schneider, Luises Tagebuch oder die Geschichte vom Ei. Aus: Hans-Joachim Gelberg (Hrsg.), Wie man Berge versetzt, 1981 Beltz Verlag, Weinheim und Basel, Programm Beltz & Gelberg, Weinheim

Quellennachweis: Fotos

S. 9 Tibor Tóth; S. 10 György Török; S. 11 György Török; S. 15 Marita Pletter/Die Zeit Nr. 27 1. Juli 1994; S. 17/1 Astrid Bergmann; S. 17/2 Wolfgang Schmitt; S. 17/3 Tibor Tóth; S. 18 Tibor Tóth; S. 21 Wolfgang Schmitt; S. 22 György Török; S. 25/1 Klára Zalán; S. 25/2 Tibor Tóth; S. 26 Dieter Klein/JUMA 1/97; S. 27/1,2 Tibor Tóth; S. 27/3,4 Bertalan Magyar; S. 28 Tibor Tóth; S. 33/1,2 Tibor Tóth; S. 33/3 Gusztáv Balázs; S. 33/4 Bertalan Magyar; S. 34 Tibor Tóth; S. 37 György Török; S. 38 György Török; S. 40 György Török; S. 43/1 Tibor Tóth; S. 43/2 Wolfgang Schmitt; S. 43/3 Klára Zalán; S. 44 György Török; S. 53/1 Tibor Tóth; S. 53/2 Tibor Tóth; S. 53/3 Gusztáv Balázs; S. 53/4 György Török; S. 57 György Török; S. 61/1 Astrid Bergmann; S. 62/2 Ágnes Magyar; S. 62/3 Tibor Tóth; S. 67 György Török; S. 71/1 Tibor Tóth; S. 71/2 Wolfgang Schmitt; S. 71/3 Tibor Tóth; S. 72 György Török; S. 73/1,2,3,4,5 Tibor Tóth; S. 73/6 György Török; S. 76 Heti Világgazdaság 46/1993; S. 84 Klára Zalán; S. 89 Computergrafik: András Puiz; S. 94 JUMA 3/94; S. 97/1 Tibor Tóth; S. 97/2 György Török; S. 100 György Török; S. 101 György Török; S. 107 Tibor Tóth; S. 108 Jürgen Dehniger/JUMA 1/92; S. 109 Jürgen Dehniger/JUMA 1/92; S. 115/ Tibor Tóth; 117/1, 2 Wolfgang Schmitt; S. 117/3,4 Szabolcs Dudás (Heti Világgazdaság), Gyula Czimbal (MTI); S. 117/5 Wolfgang Schmitt; S. 118 Tibor Tóth; S. 120 György Török; S. 121/1,3,5 Tibor Tóth; S. 121/4 György Török

Trotz unserer Bemühungen ist es uns nicht gelungen, alle Inhaber von Text- und Bildrechten zu ermitteln. Für entsprechende Hinweise ist der Verlag dankbar.